MARCHES D'HARMONIE

PRATIQUÉES DANS LA COMPOSITION

Produisant des Suites Régulières

DE

Consonnances et de Dissonnances

PAR

L. CHERUBINI.

Cet Ouvrage posthume du Célèbre Maître adopté depuis vingt ans pour l'Enseignement dans les Classes du Conservatoire est le Complément indispensable de tous les traités d'harmonie.

Prix net 15 f.

A. Lafont

Paris, chez E. Troupenas & Cie, Rue N.le Vivienne, 40.

Mayence, chez les Fils B. Schott.   Milan chez Ricordi.

1847

AVERTISSEMENT.

L'ouvrage que nous offrons au public est depuis plus de vingt ans entre les mains des élèves du Conservatoire, mais ce n'est que sur une copie du manuscrit de l'auteur que les professeurs de cette institution l'expliquent à leurs disciples et le leur font appliquer.

Ce livre, véritable *Vade mecum* de l'harmoniste, n'est utile qu'aux élèves possédant déjà la connaissance théorique et pratique des accords; aussi n'est-ce que lorsqu'ils sont arrivés à l'étude de *l'harmonie artificielle*, c'est-à-dire, lorsqu'ils sont assez avancés pour employer les notes de passage, telles que l'appogiature, l'anticipation, la syncope et surtout la suspension, que les élèves des classes d'harmonie, au Conservatoire, se livrent à l'étude de ce recueil.

Quoique, à la première inspection, il puisse paraitre assez étrange que des espèces de phrases *toutes faites* soient apprises, en quelque sorte par cœur; nous ferons observer que ces procédés, pour ainsi dire mécaniques, sont journellement d'un utile secours, non seulement dans les compositions spéculatives, mais encore dans la musique sacrée et dramatique, où, grâce à l'emploi intelligent d'une marche d'harmonie, d'une progression qu'un compositeur, homme de goût, sait rajeunir en la dissimulant par une facture élégante, les attaches qui lient la reproduction d'un motif principal, ou le retour obligé d'une phrase importante, acquièrent un intérêt scientifique qui n'est pas sans charme.

C'est quelquefois dans les momens les plus pathétiques du drame lyrique qu'on retrouve l'emploi des marches d'harmonie: En ouvrant la sublime partition de *Guillaume Tell*, celle plus modeste de *la Somnambula*, en jetant les yeux sur l'air de ténor du premier acte de *la Dame blanche*, on acquerra la preuve de cette vérité. Nous pourrions étendre nos citations, mais nous terminerons ce rapide exposé en disant à nos lecteurs que l'ouvrage posthume de Cherubini était, dans la pensée de ce savant compositeur, le complément indispensable de tous les *traités d'harmonie* quelque fût d'ailleurs le système dans lequel leurs différens auteurs les ont conçus; grâce à son apparition, tous ceux qui s'occupent de l'étude si répandue de la science des accords posséderont un compendium harmonique qui les disposera à l'étude du contrepoint ou du style fugué et à celle plus savante de *la fugue*, cette véritable rhétorique musicale de l'art d'écrire.

D'après l'avis des professeurs du Conservatoire, nous avons ajouté au dessous de chacune des leçons sa réduction pour le piano, ce qui en rend la lecture beaucoup plus facile.

A. E.

SUITES UNIFORMES

PRODUITES PAR UNE MARCHE RÉGULIÈRE D'HARMONIE

ÉTABLIE SUR UNE SÉRIE DE SONS MONTANT PAR DÉGRÉS DANS LA BASSE.

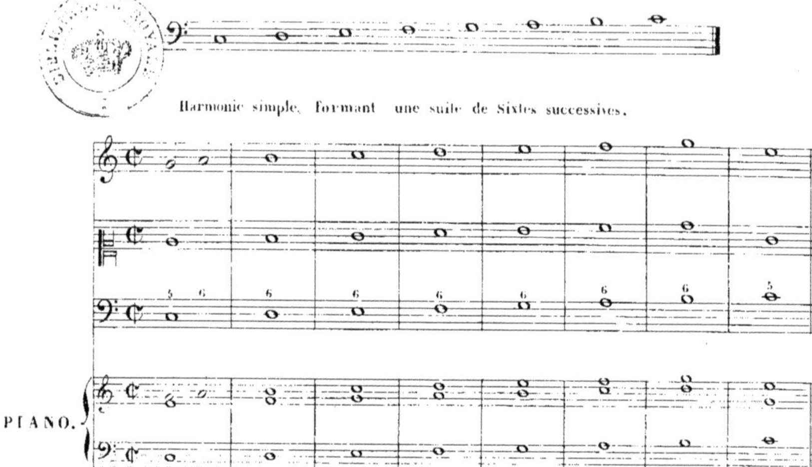

Harmonie simple, formant une suite de Sixtes successives.

En retardant les Sixtes par les Quintes on obtient une suite de Quintes et Sixtes.

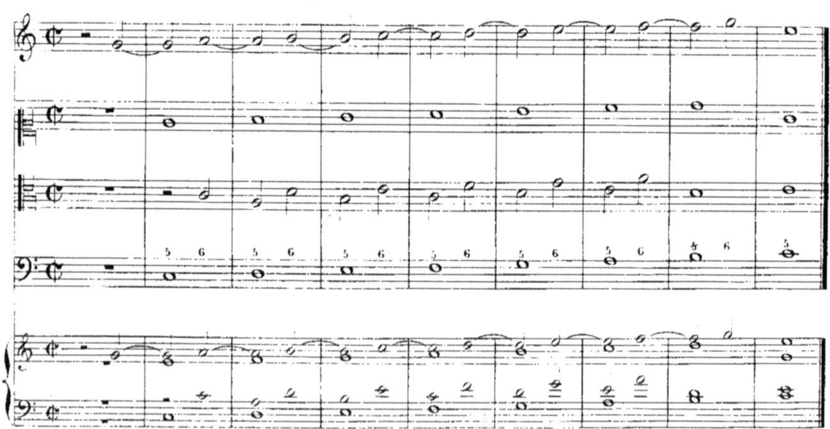

1847

Voici différentes manières de varier cet ensemble au moyen du contrepoint fleuri.

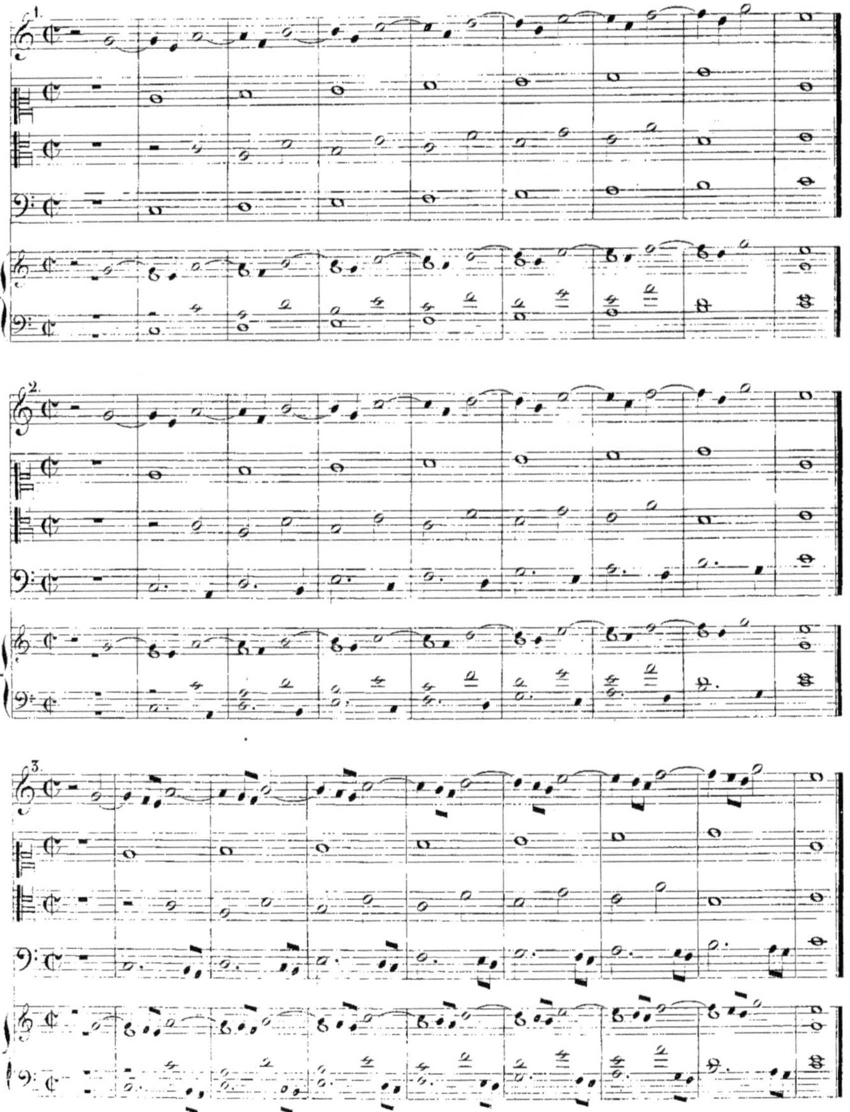

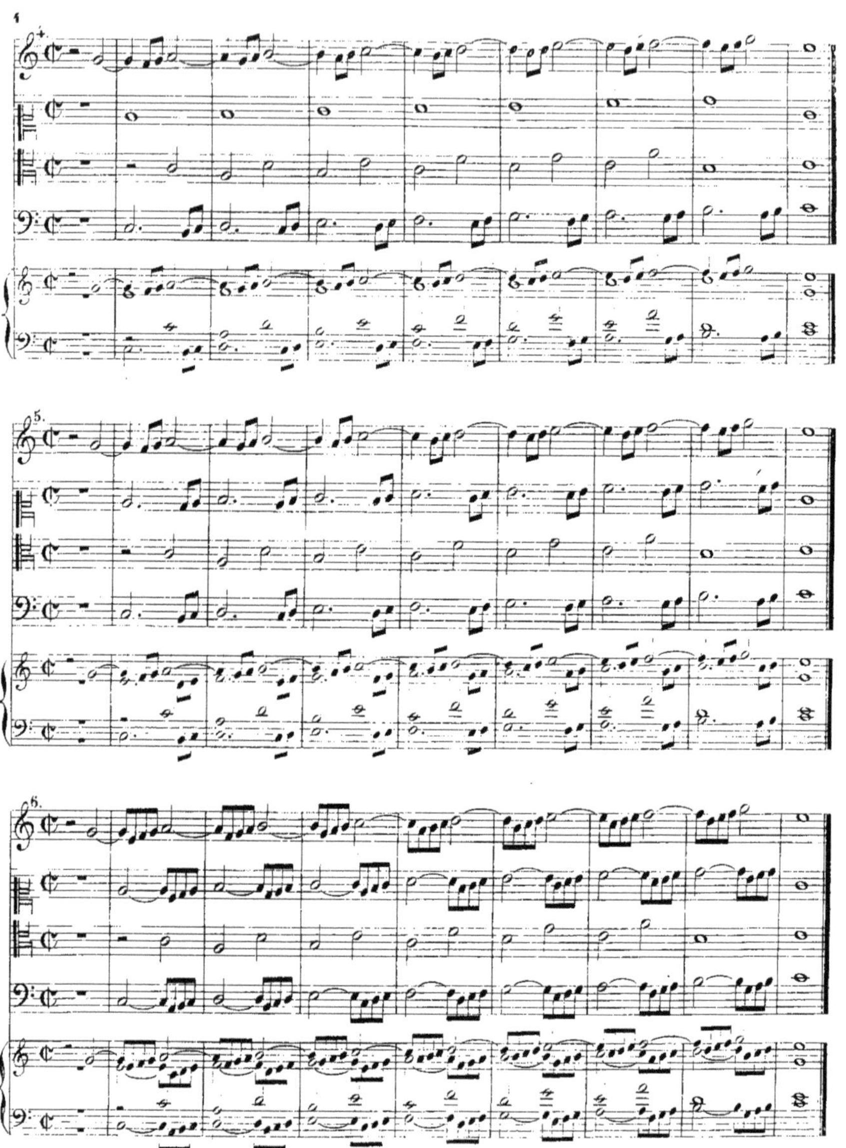

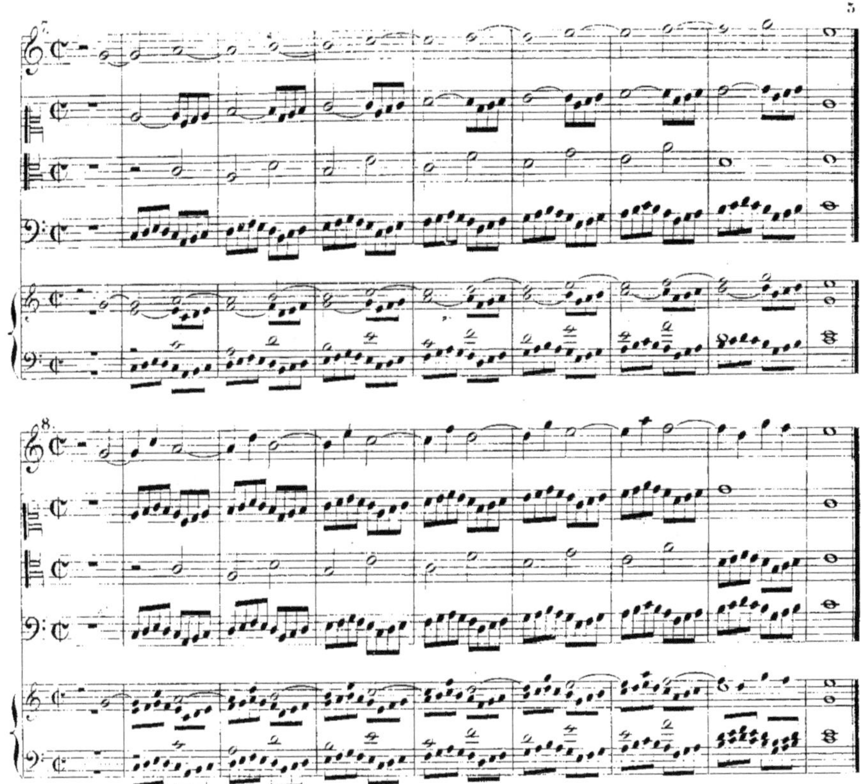

Harmonie simple sur la même basse formant une suite de Quintes successives.

En retardant les Tierces à chaque mesure, on obtient une suite de Quintes et Quartes.

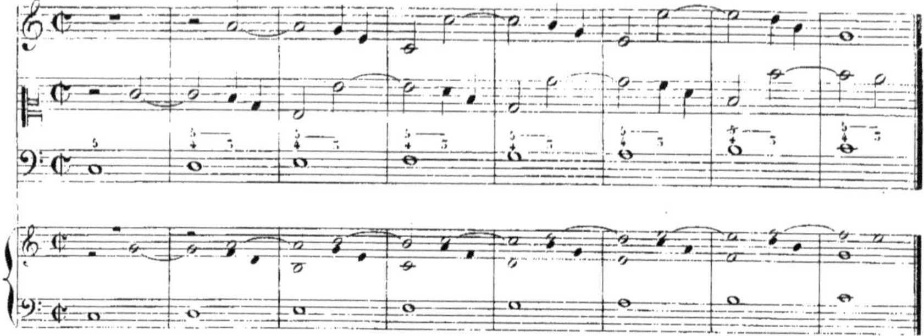

Différentes manières de varier cette suite au moyen du contrepoint fleuri.

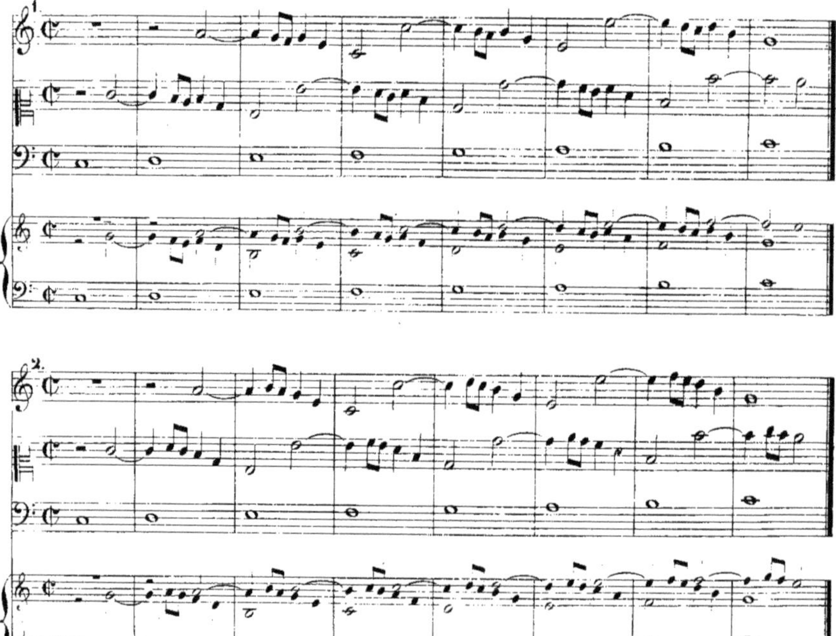

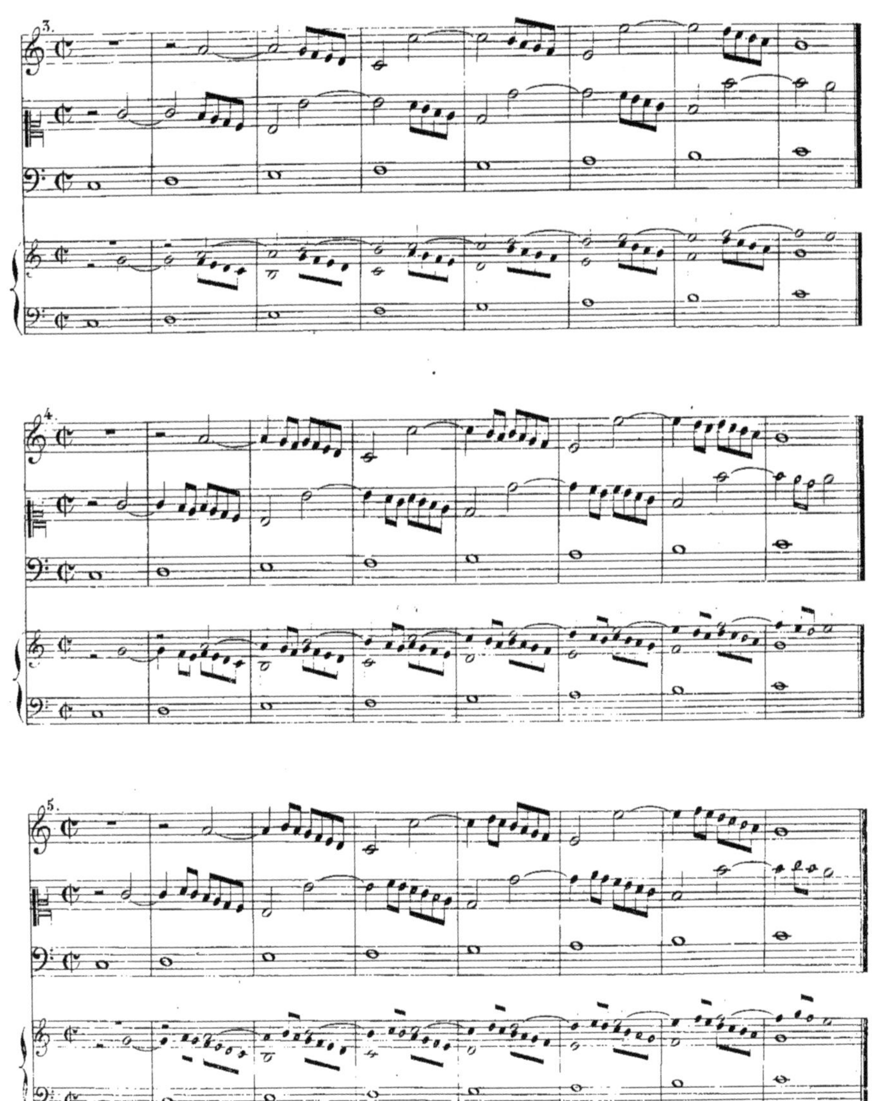

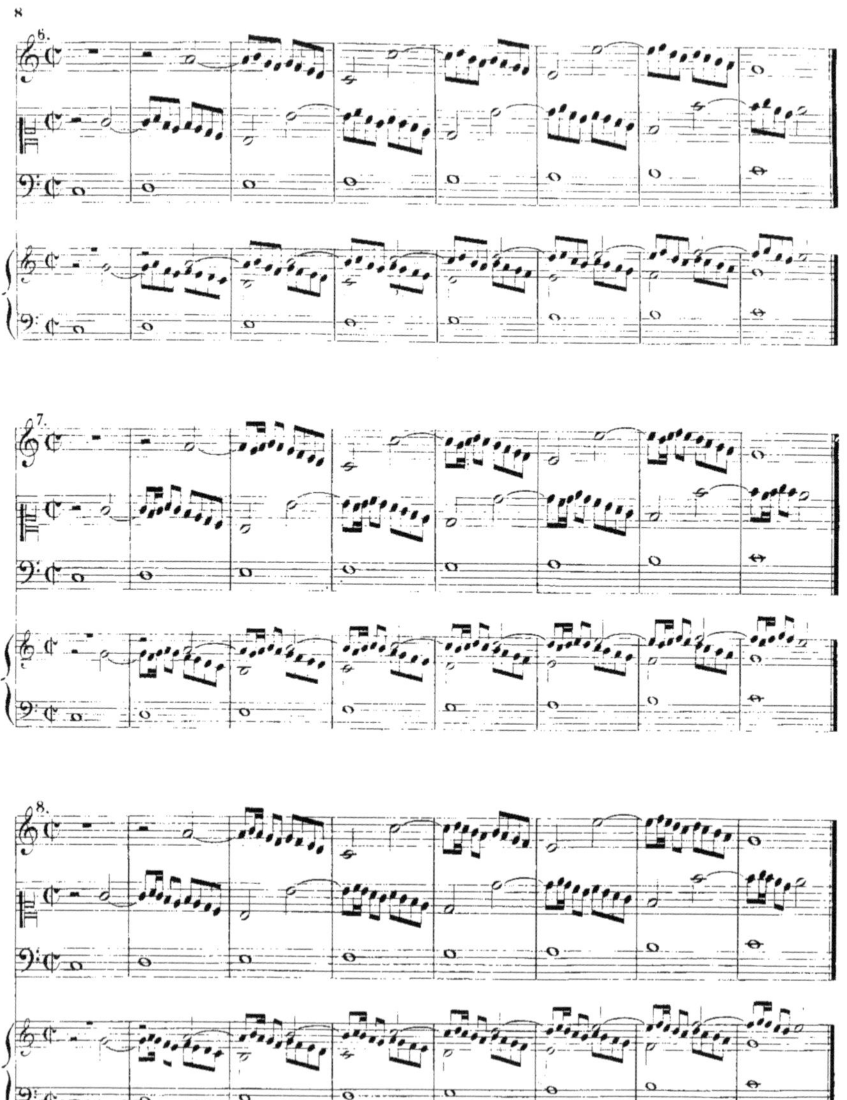

6.
7.
8.

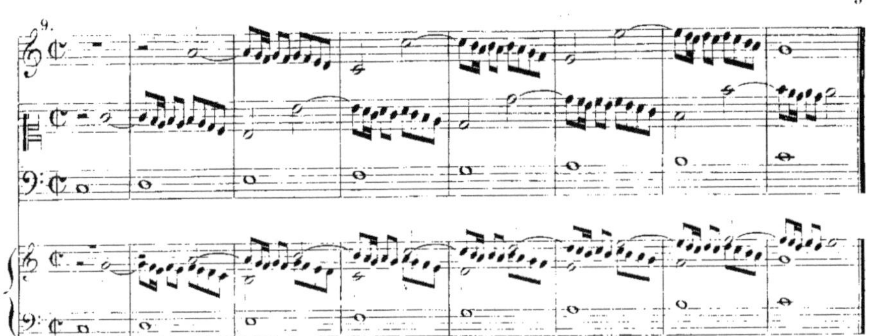

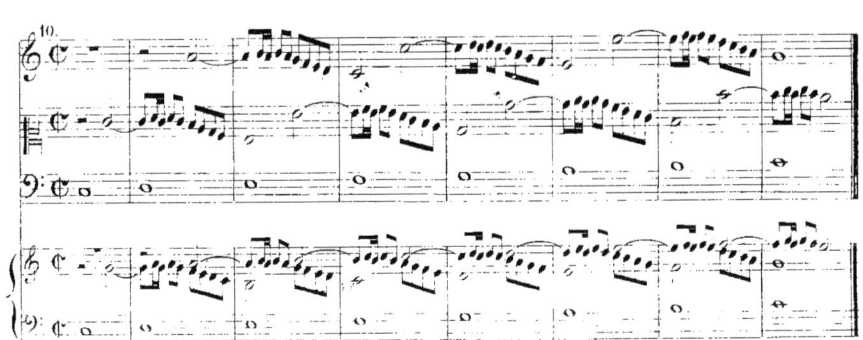

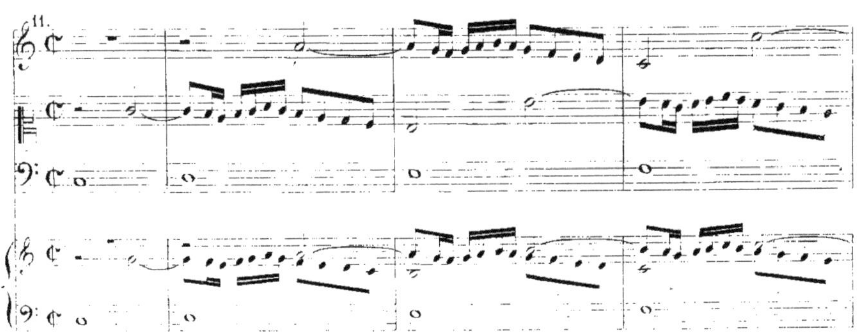

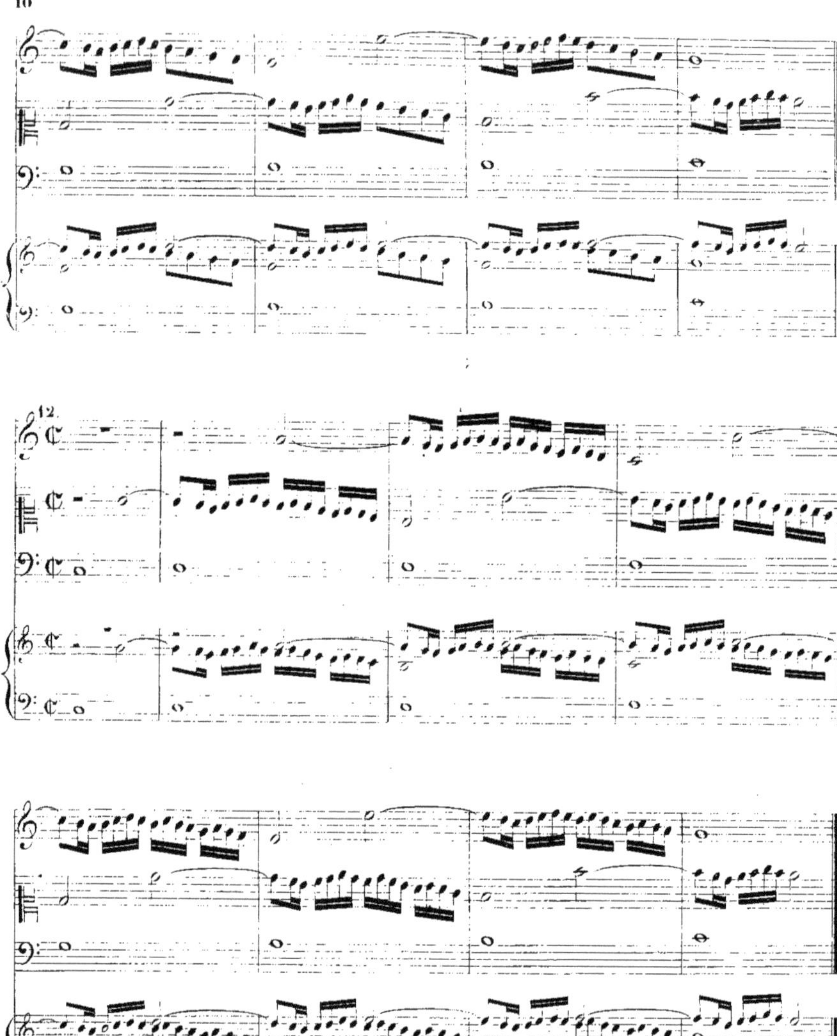

Harmonie simple sur la même basse formant une suite de sixtes.

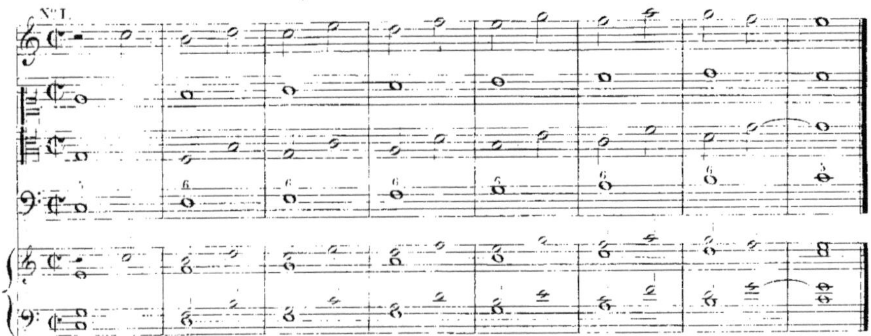

En retardant la sixte de chaque mesure on obtient une suite de septièmes.

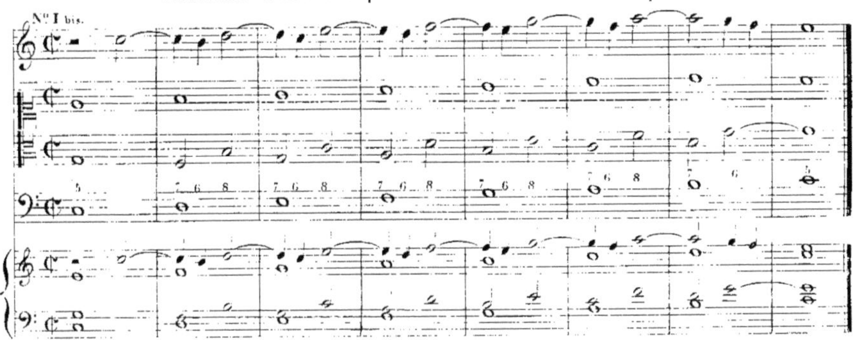

Harmonie simple formant une suite de sixtes.

C'est par le retard de la sixte qui se trouve dans la partie aigüe que l'on obtient la marche suivante.

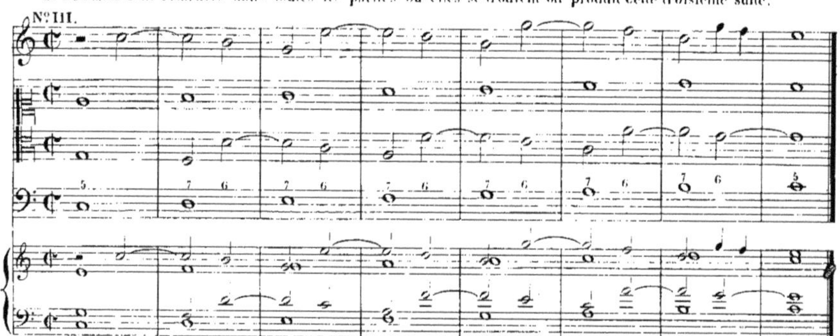

Si les sixtes sont retardées dans toutes les parties où elles se trouvent on produit cette troisième suite.

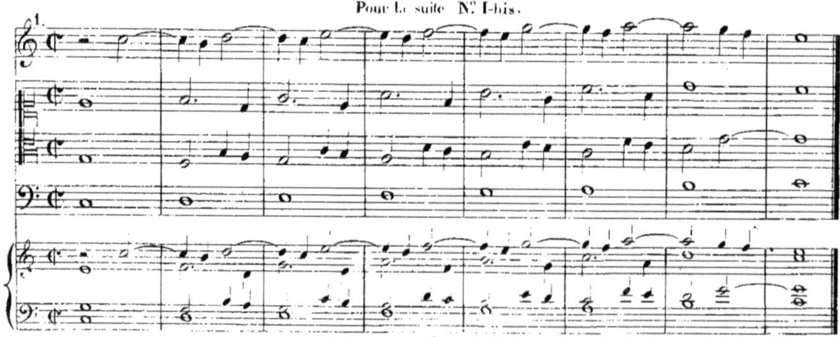

Différentes manières de varier les parties de ces trois suites par le contrepoint fleuri
Pour la suite N.º I-bis.

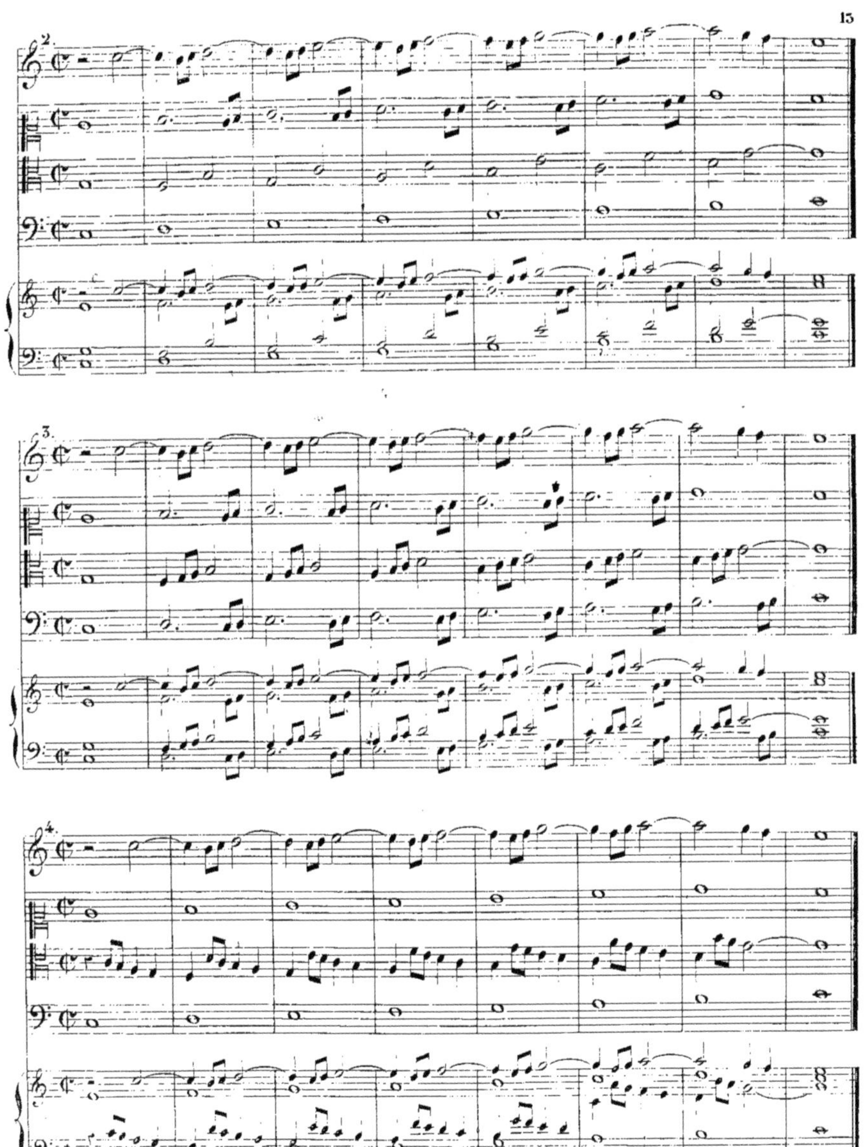

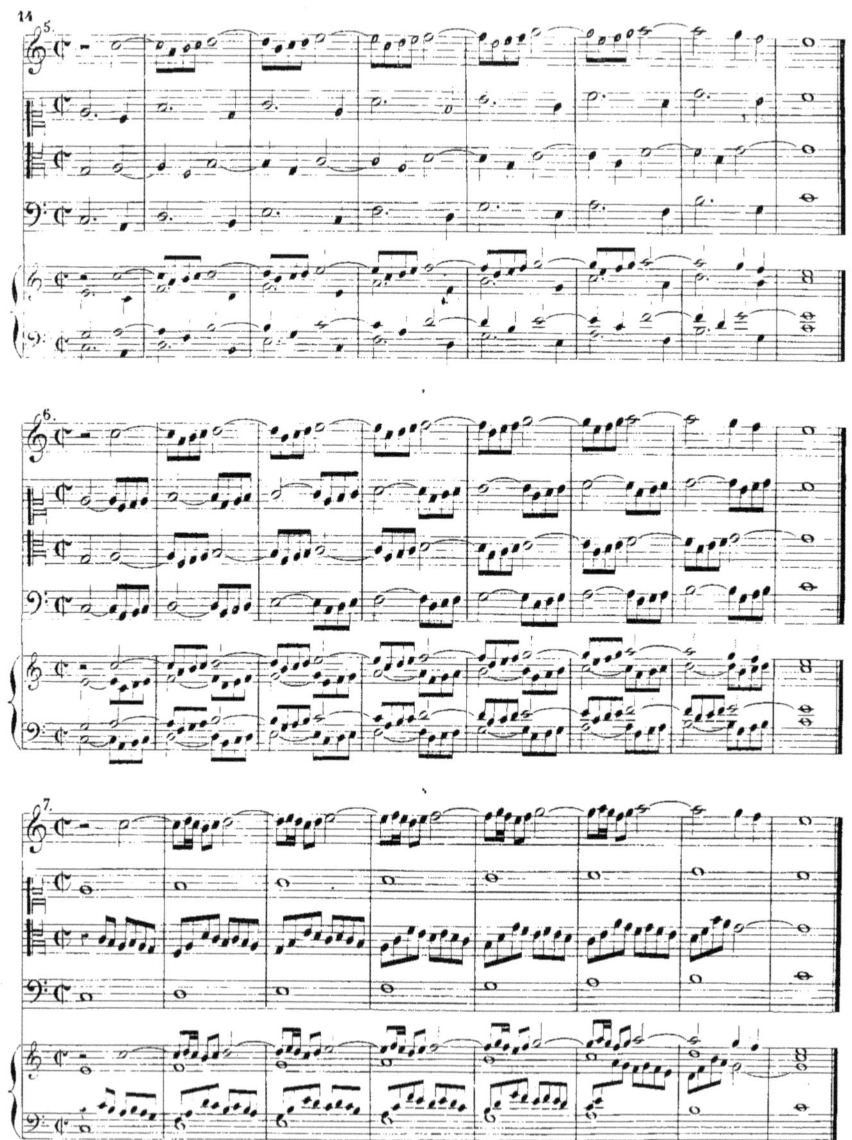

5.
6.
7.

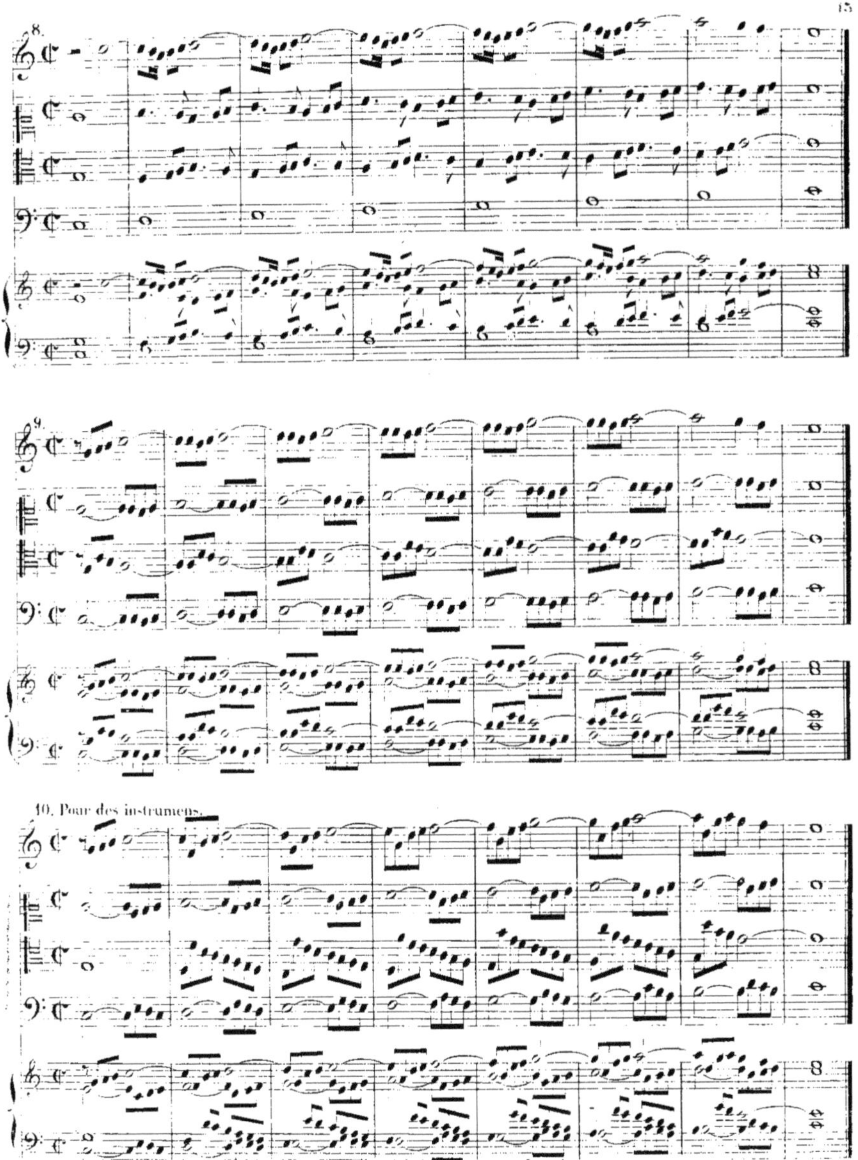
8.
9.
10. Pour des instrumens.
F. T. et Cie 1896.

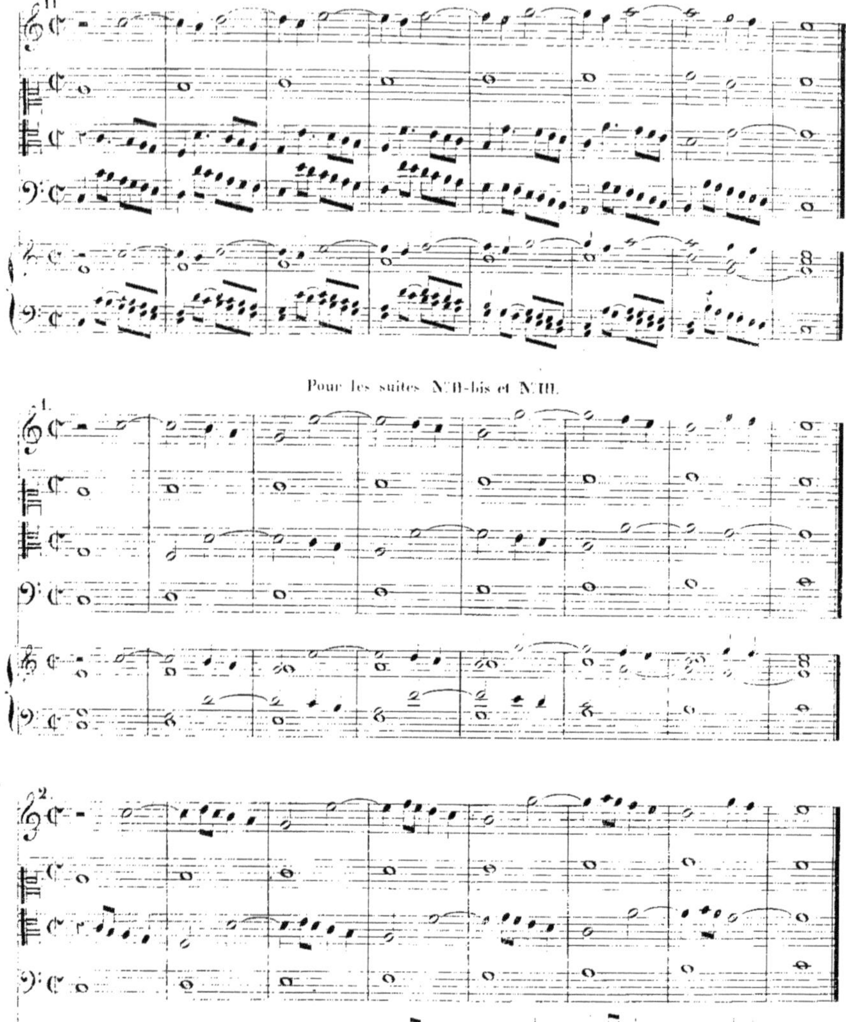

Pour les suites N.II-bis et N.III.
I. L. et C.ie 1896.

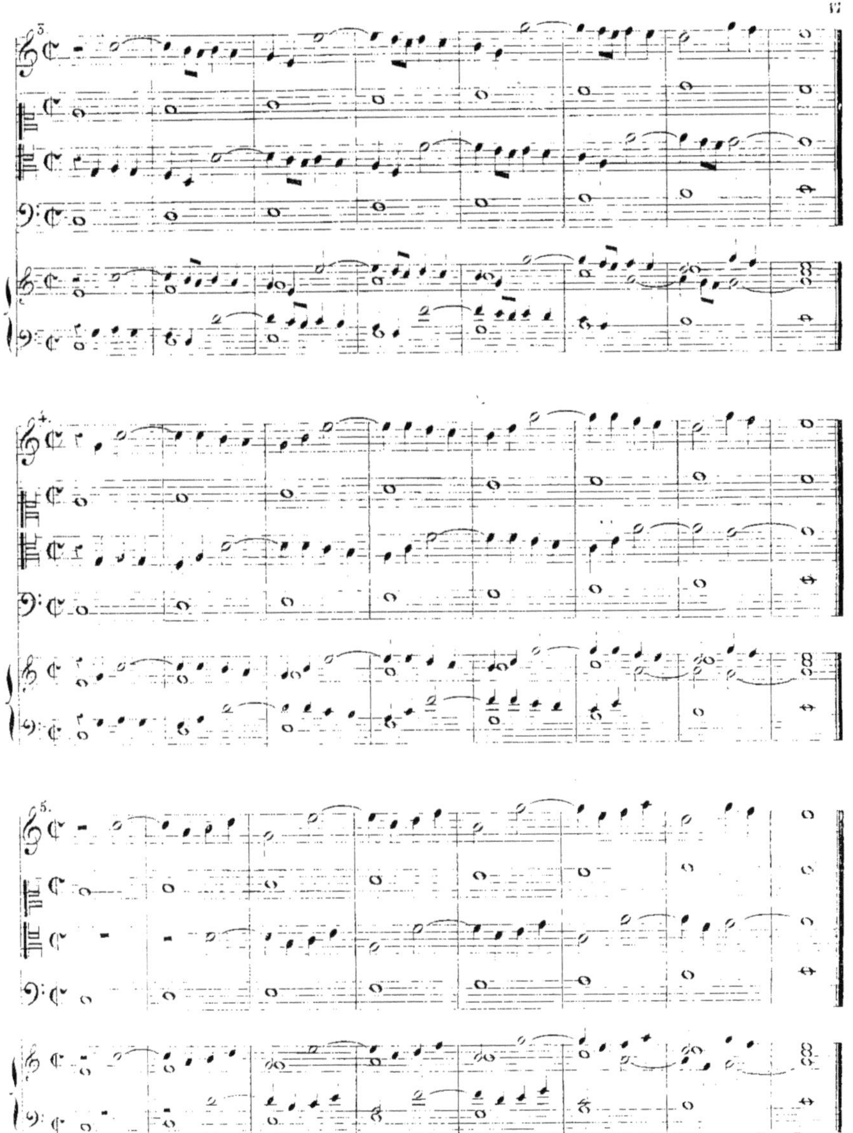

3.

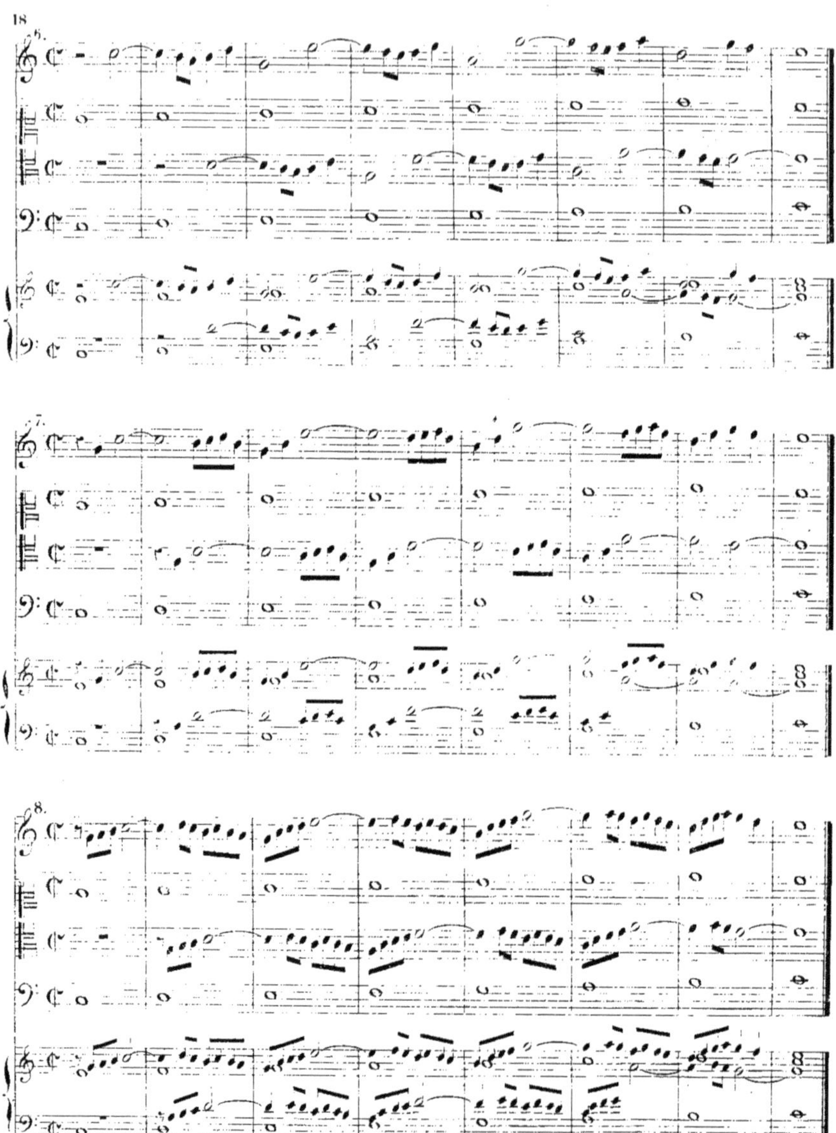

18
E. T. et C.ie 1996.

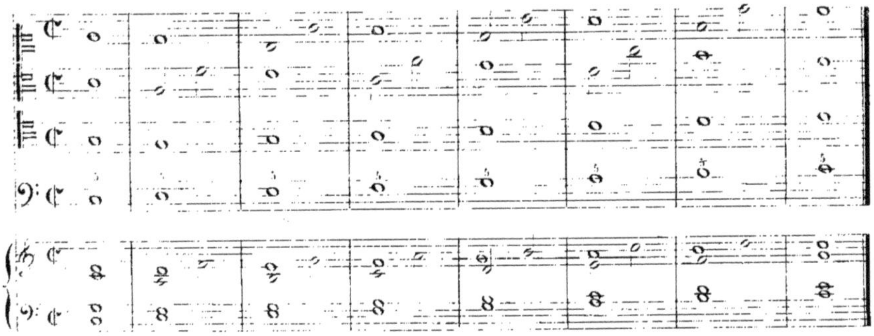

En retardant les octaves dans chaque mesure, la première exceptée, on produit la suite de neuvièmes, indiquée plus haut.

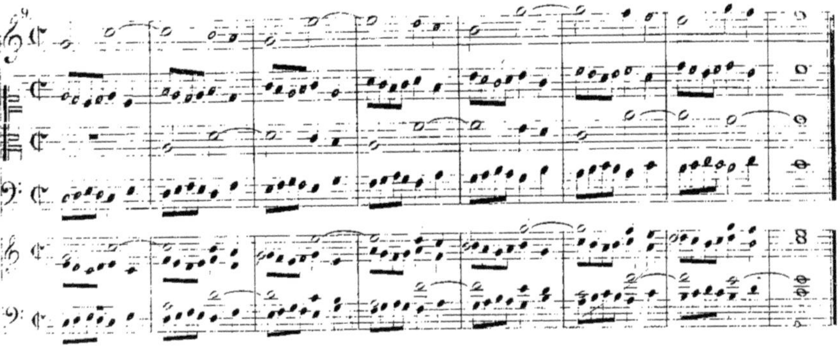

N° 1.

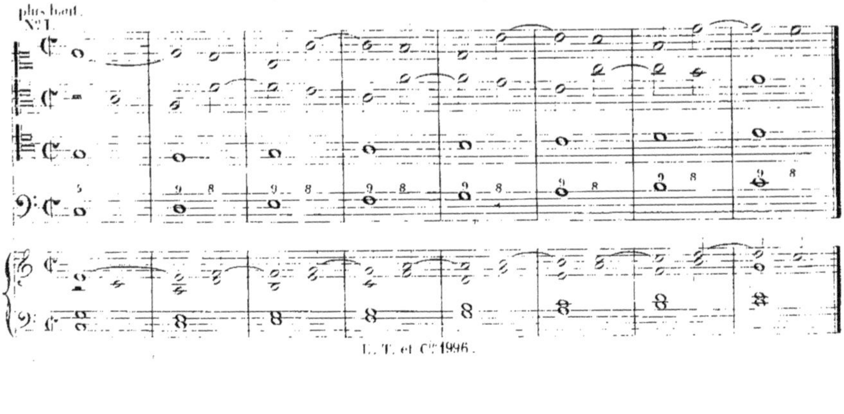

Même suite avec les parties combinées d'une manière différente.

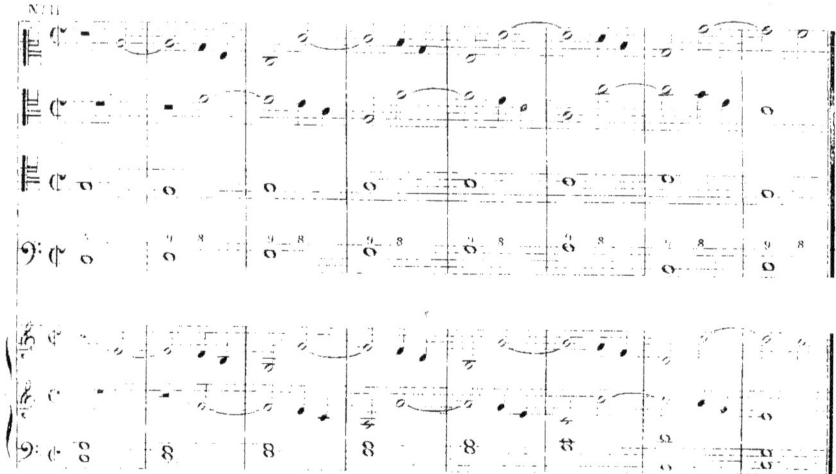

Variations pour la suite N. 1.

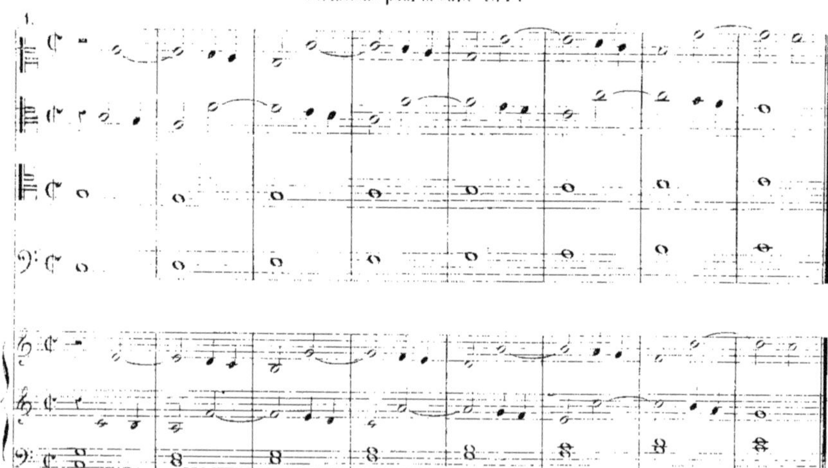

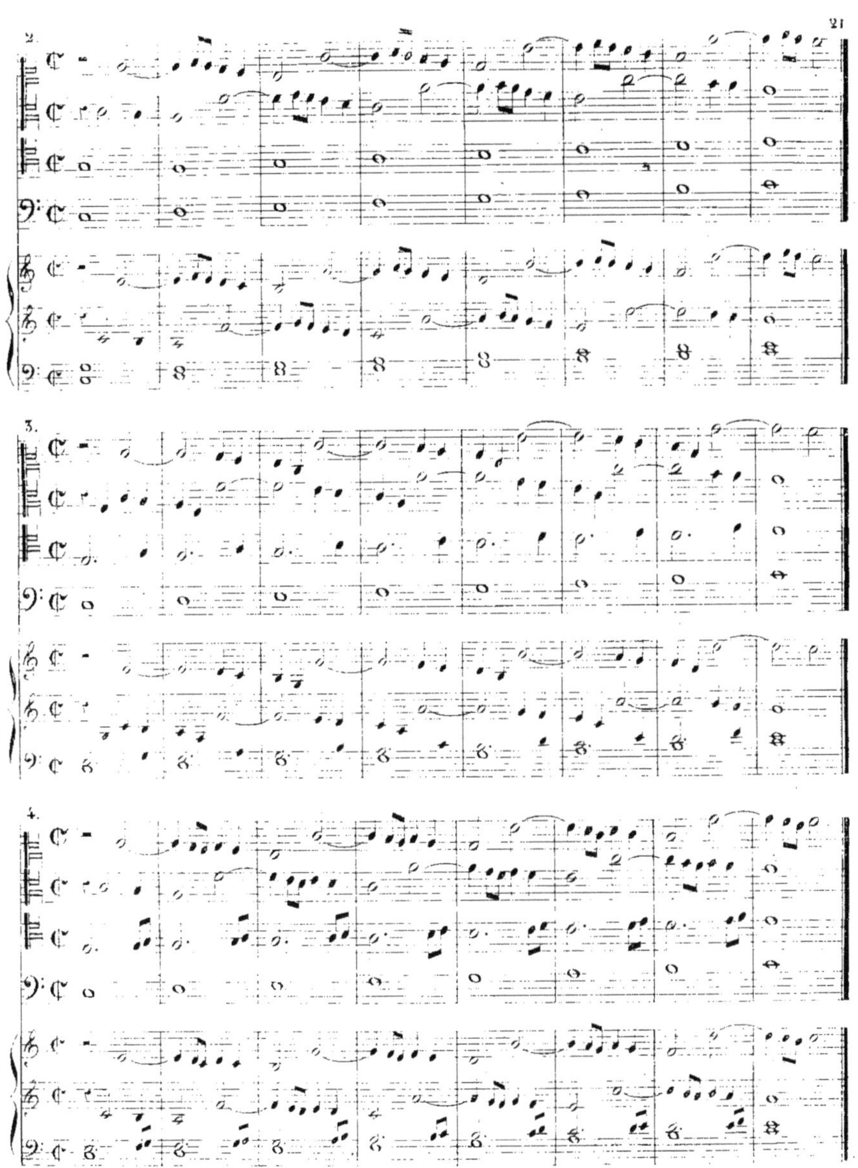
2.
3.
4.

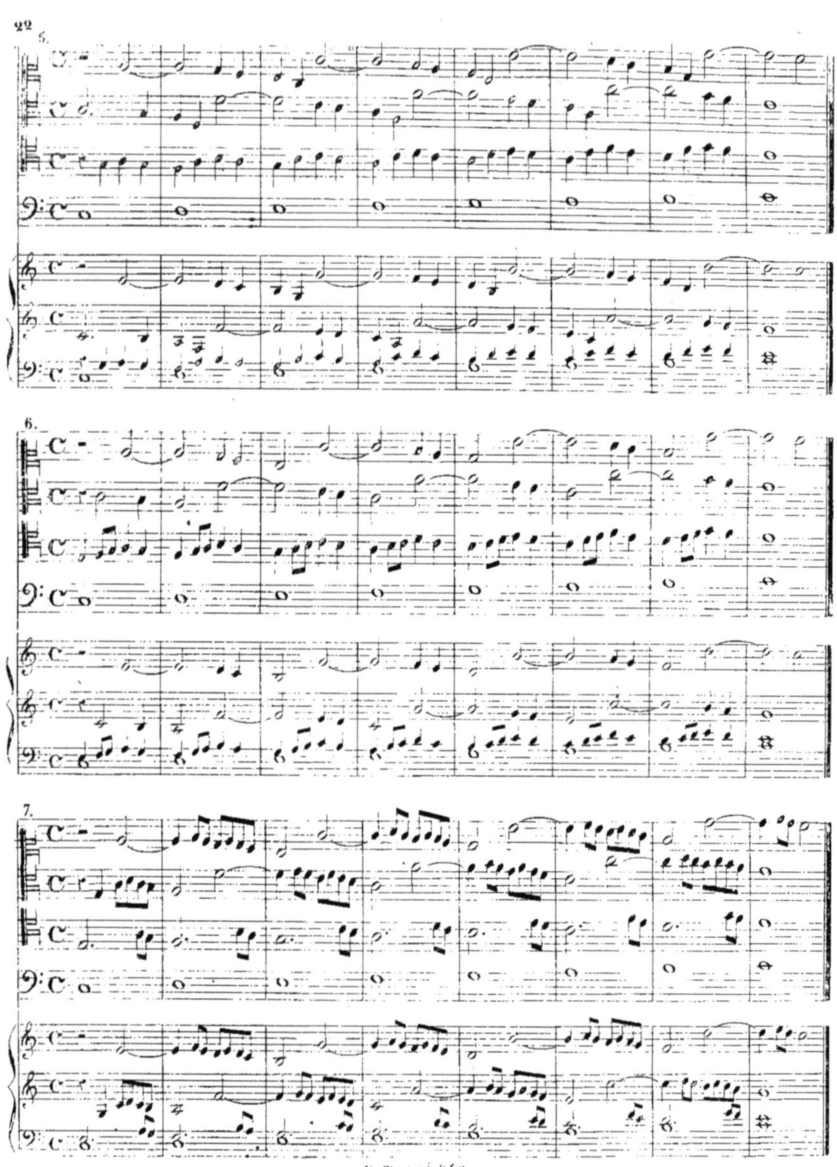
5.
6.
7.

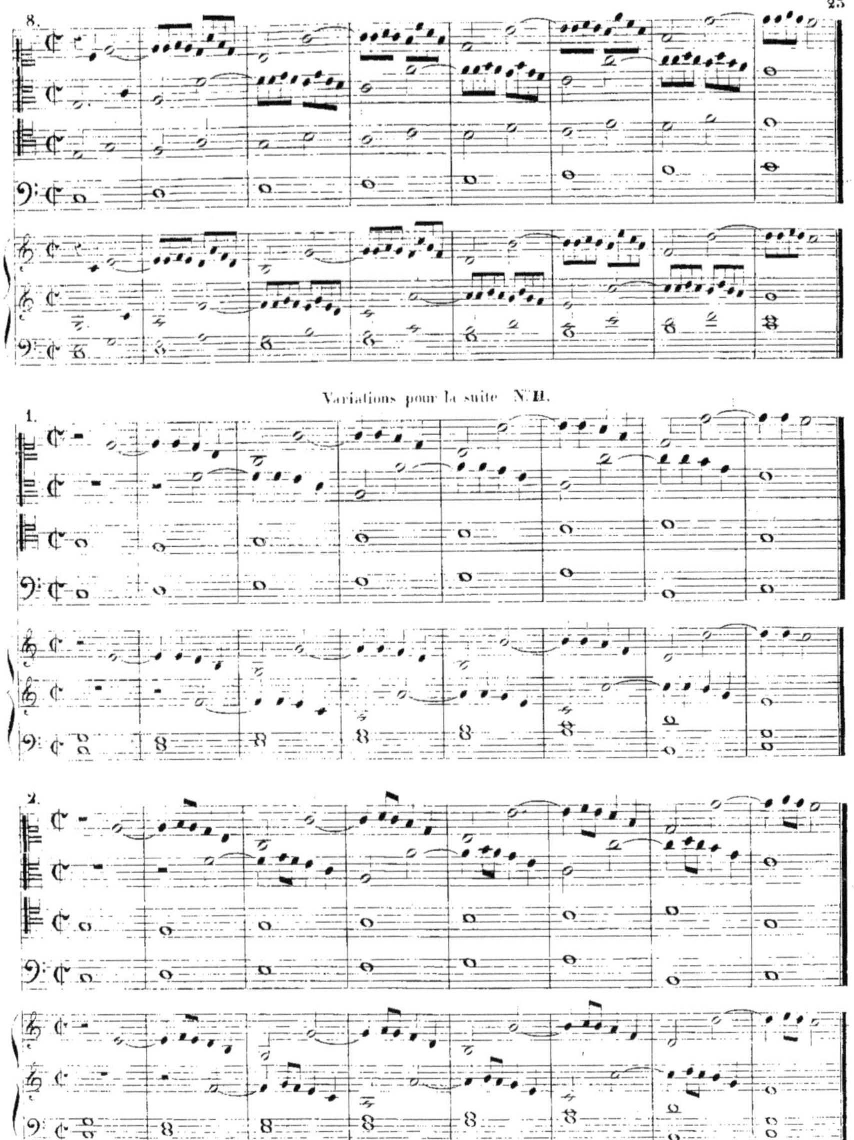
Variations pour la suite N° II.

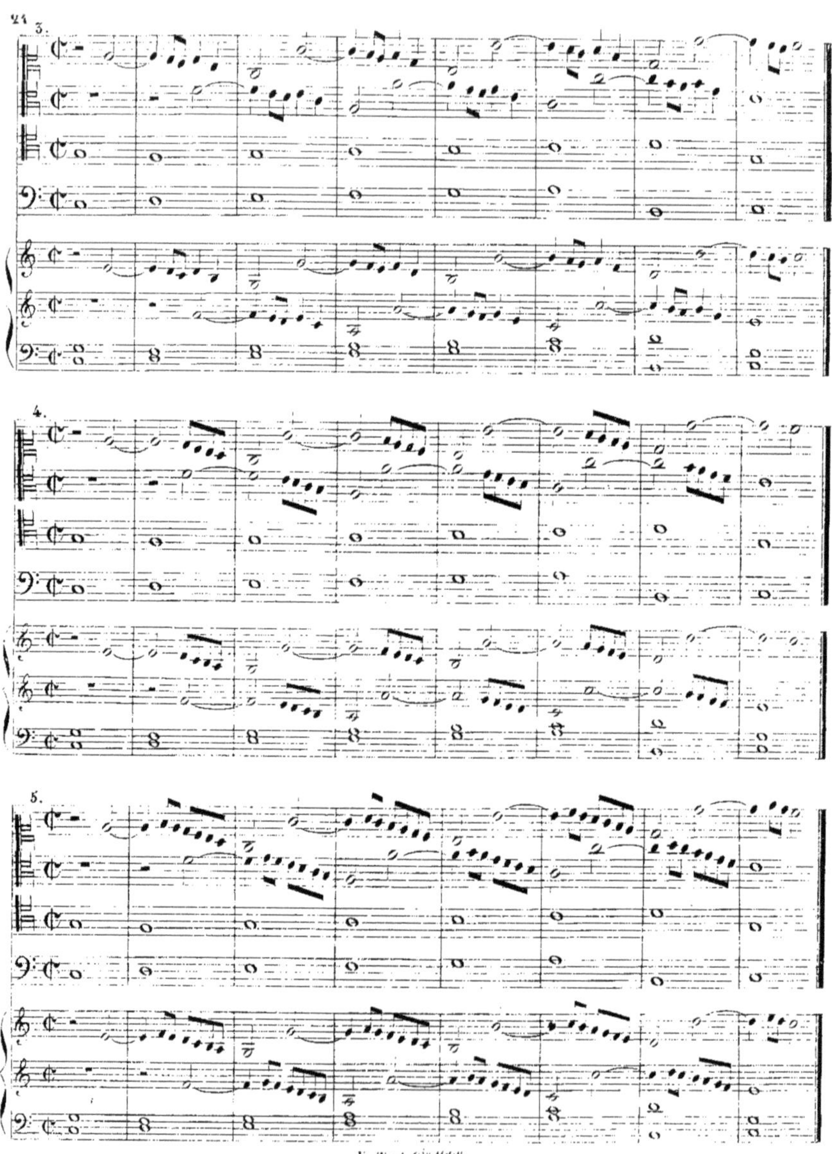

24
3.
4.
5.
E. T. et C.ie 1996.

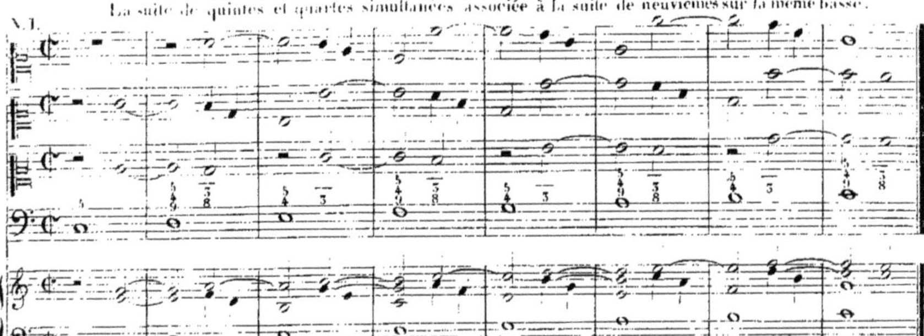

Il est inutile d'indiquer des variations pour ces deux suites, attendu que celles qui ont servi pour les deux précédentes, peuvent être employées pour celles-ci.

À la suite de quinte et six.te successives, on peut associer une suite de septièmes sur la même basse.

La même avec la septième dans chaque mesure.

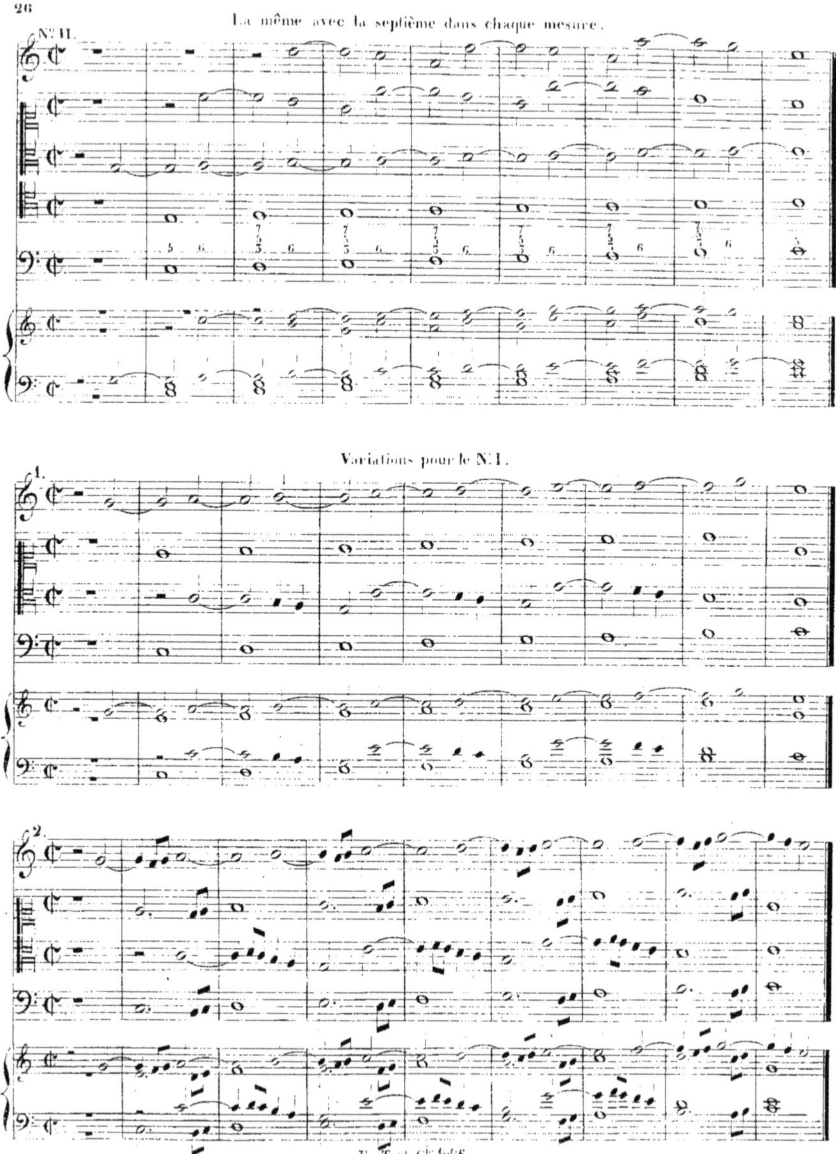

Variations pour le N.º I.

E. T. et C.ᵉ 1896.

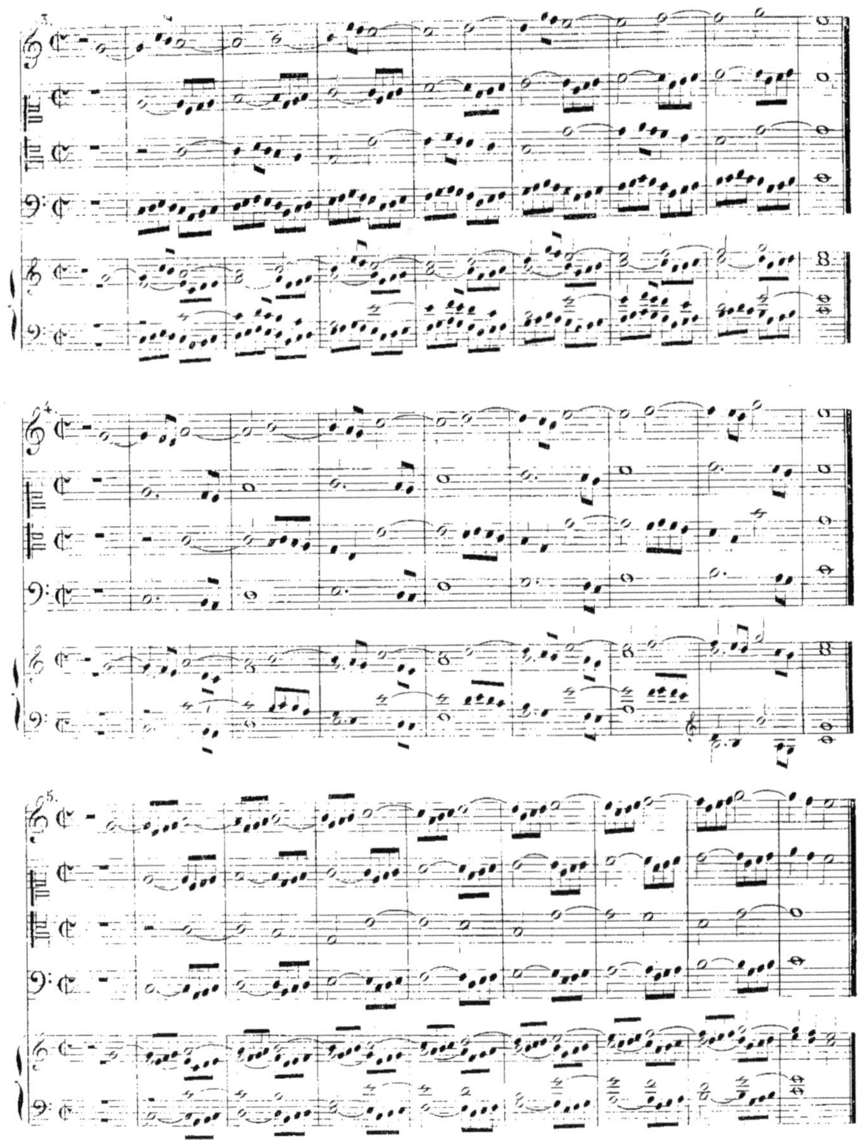

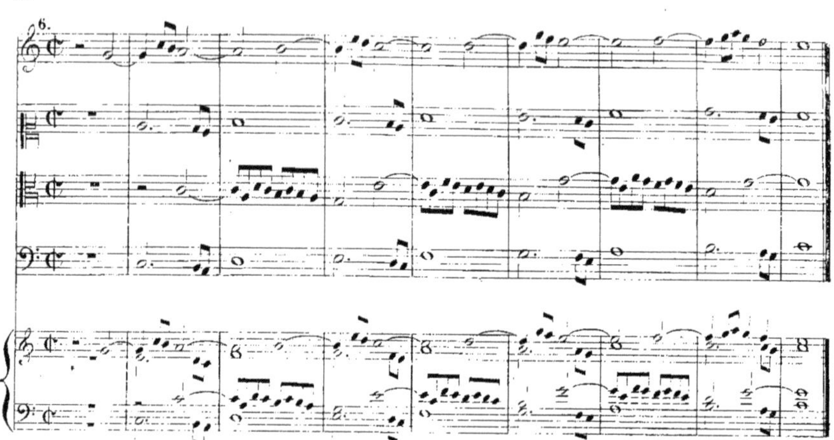

On peut se dispenser d'indiquer des variations pour le N° 2, car celles-ci peuvent servir d'exemple pour le varier.

A la suite de quinte et de sixte alternative sur cette même basse, on peut associer la suite de neuvième.

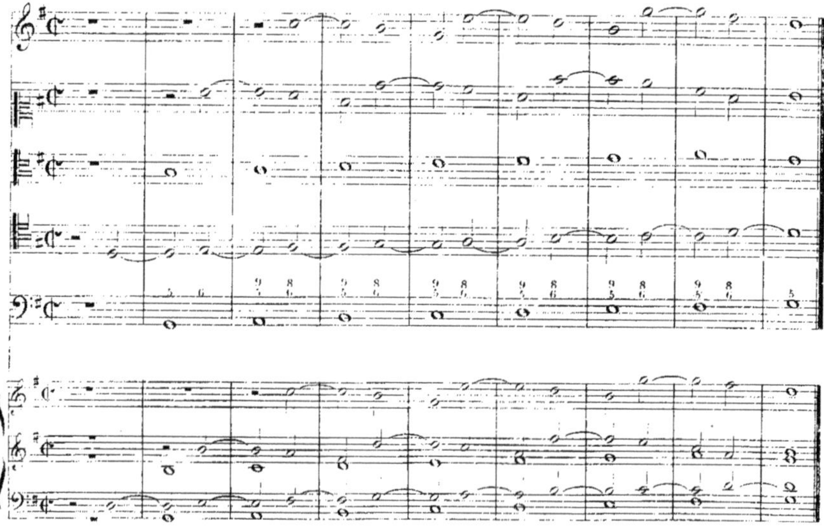

Variations au moyen du contrepoint fleuri.

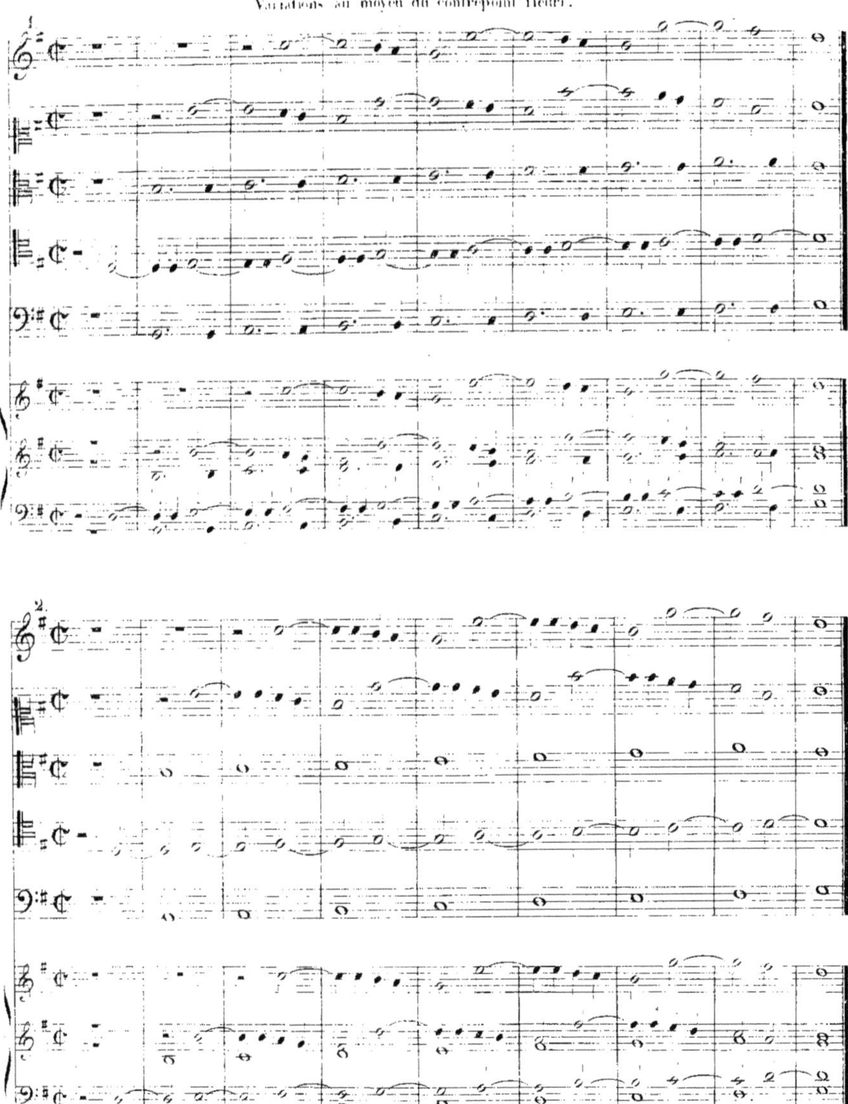

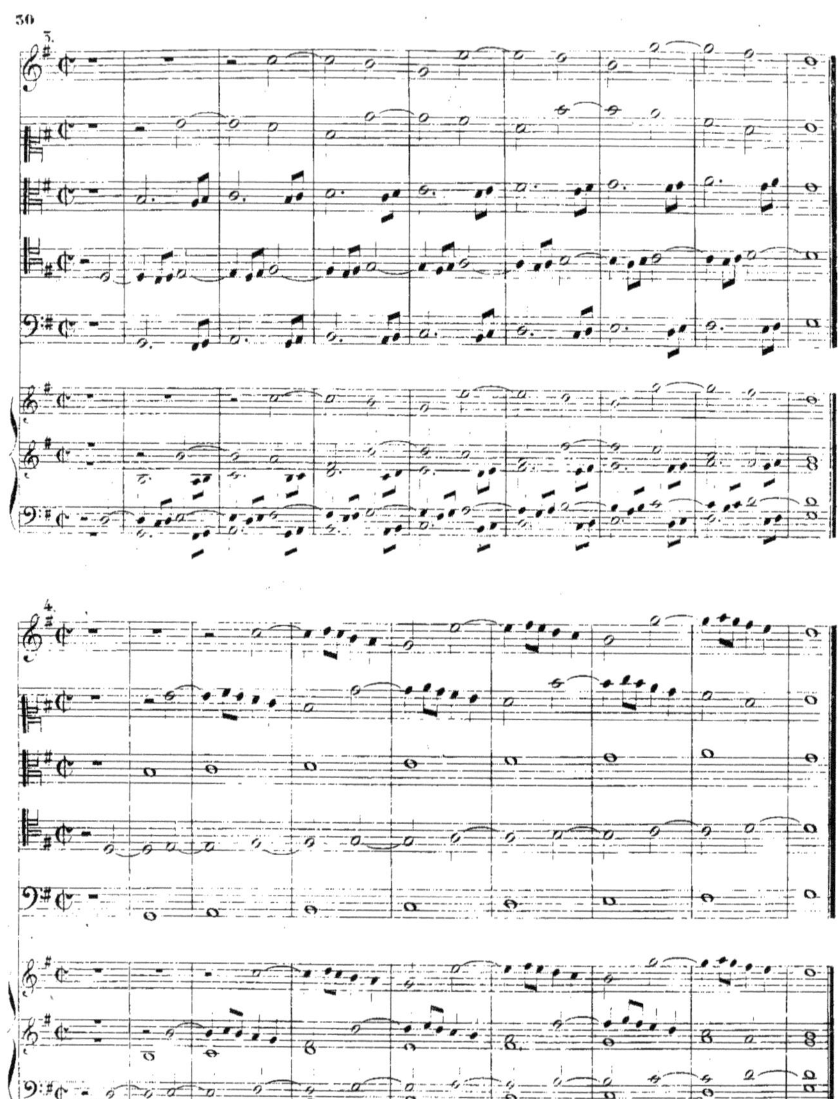
3.
4.
Parmi les variations des autres suites, on en trouvera qui pourront convenir à celle-ci.
E. T. et Cie 1996.

À La suite de quintes et de sixtes successives, on peut, sur la même basse, associer la suite de septièmes et la suite de neuvièmes simultanément.

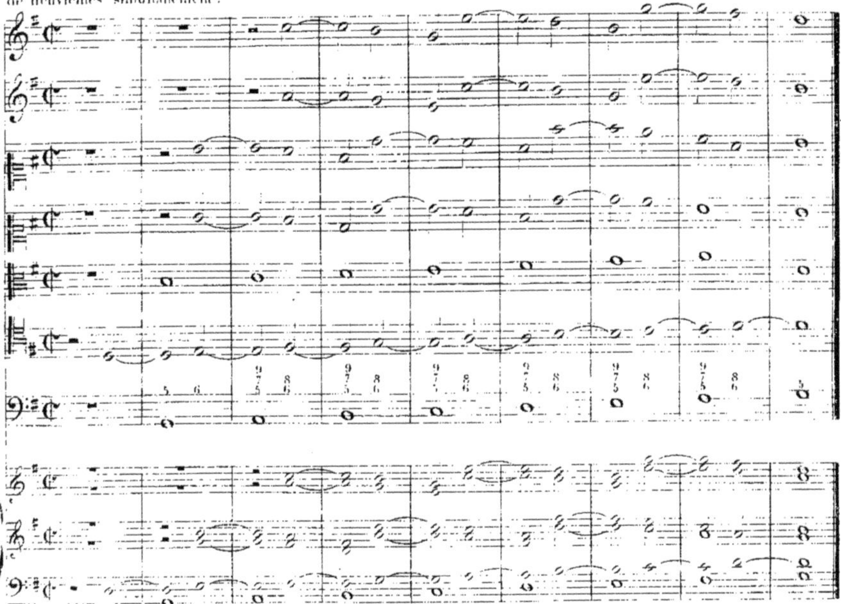

Les variations de la suite précédente, et celles des autres, peuvent fournir les différentes manières de varier celle-ci.

Autre suite de quinte et de sixte successives, sur la même basse, prise à contretemps.

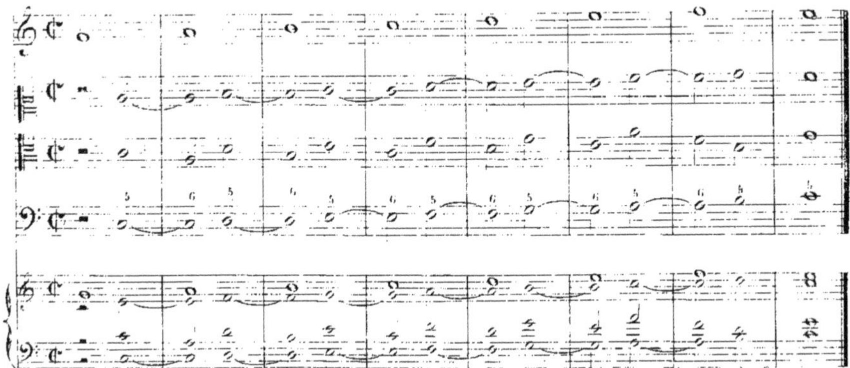

Comme il y a peu de variations à faire sur cette suite, on verra, parmi les variations des autres suites, celles qui peuvent lui convenir.

Cette observation peut s'appliquer aux suites suivantes.

F. F. et Cie 1996.

Autres espèces de suites de quintes et de sixtes successives sur des gammes ascendantes.

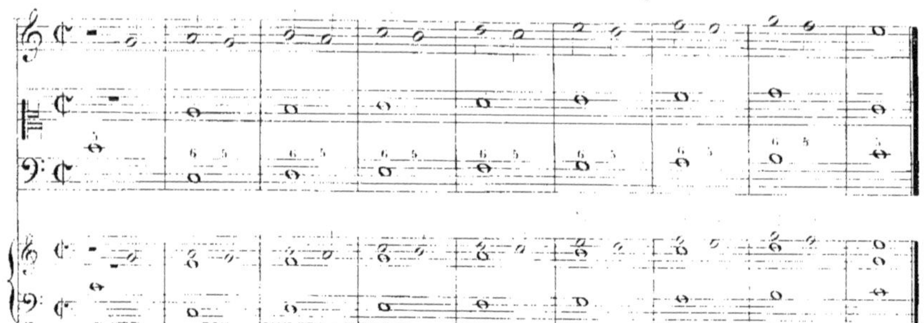

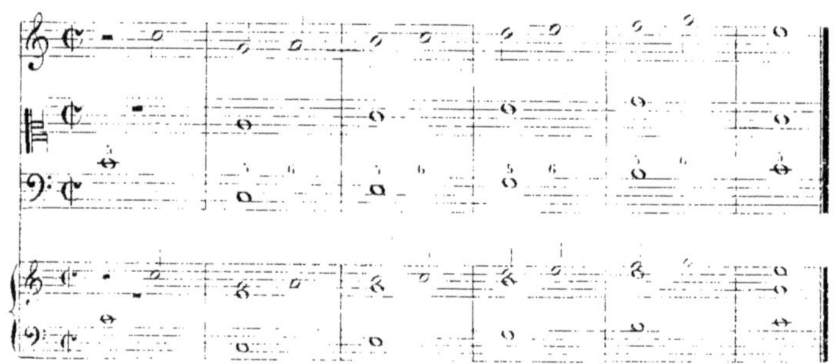

La même renversée.

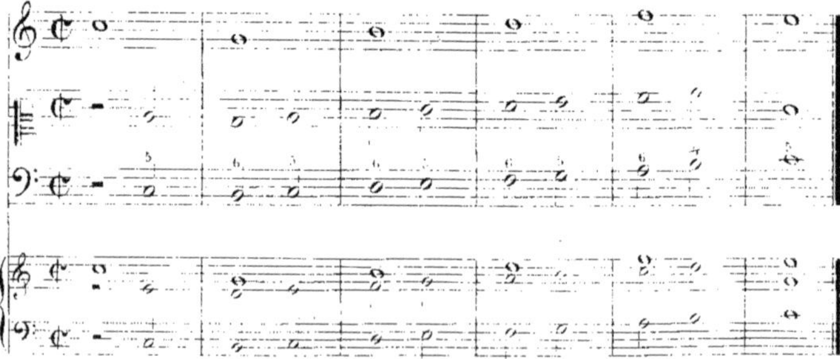

Suites produites par une marche d'harmonie, établie sur la série des sons suivants.

CODA.

Harmonie simple d'accords parfaits, excepté à la Coda, produisant suite de quintes et quartes et de tierces.

CODA.

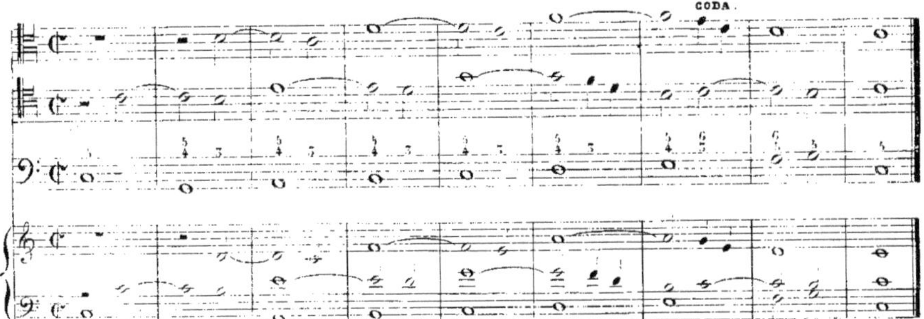

En retardant les tierces on obtient cette suite:

CODA.

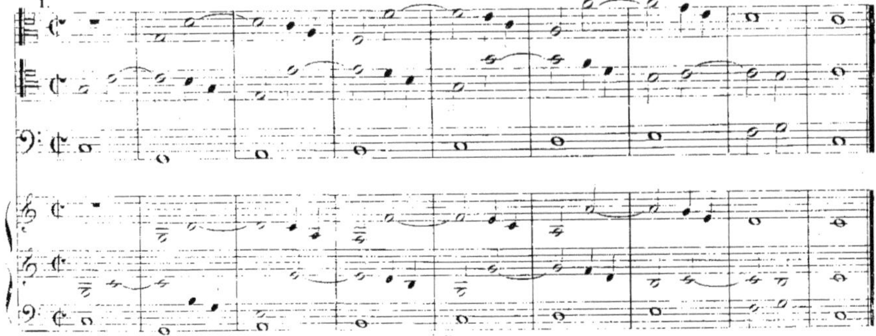

Variations introduites au moyen du contrepoint fleuri.

1.

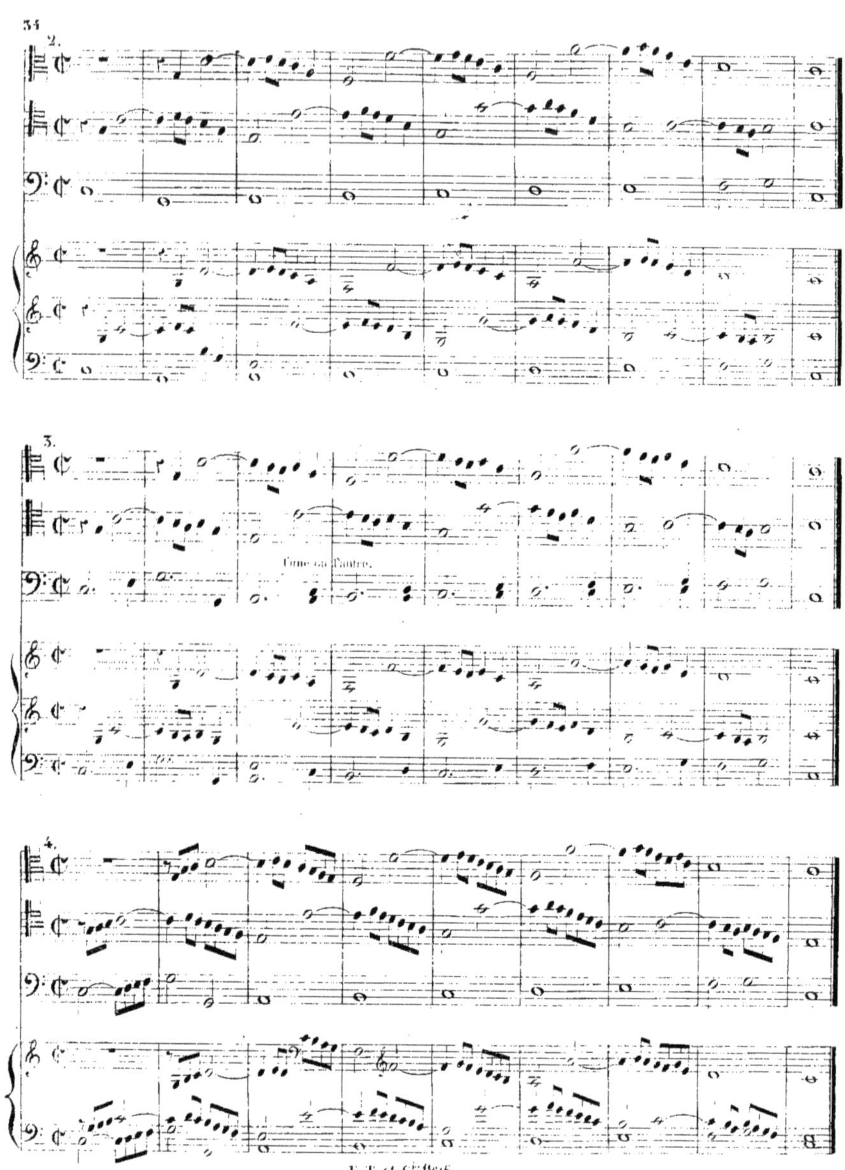
2.
3.
L'une ou l'autre.
4.
E. T. et Cie 1945.

La même suite à quatre parties.

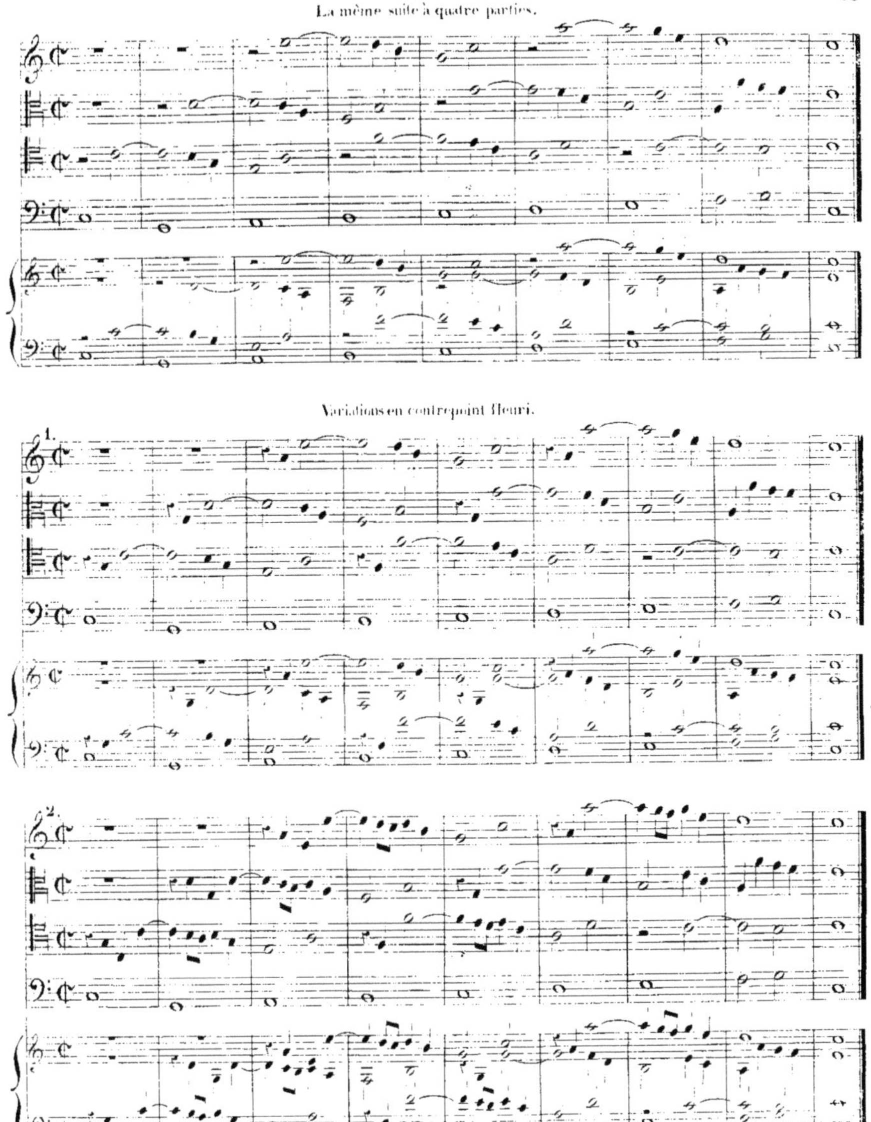

Pour obtenir d'autres variations, on choisira parmi celles des autres suites ce qui peut convenir à celle-ci.

Suites produites par une marche d'harmonie, établie sur une succession descendant par degrés conjoints.

Harmonie simple, établissant une suite uniforme d'accords de sixte.

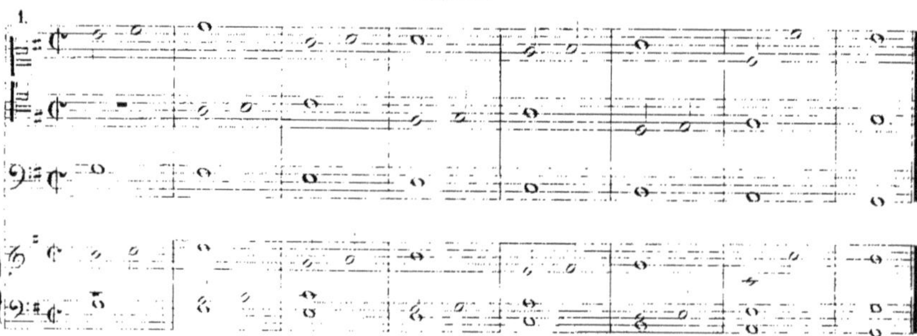

Variations.

1.

2.

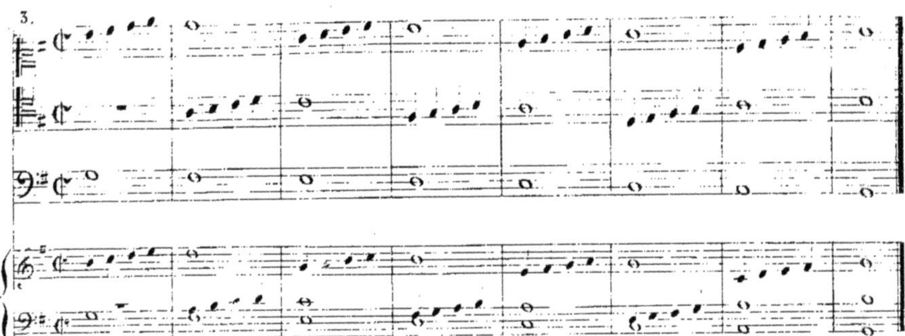

Harmonie simple dont les parties, quoique formant la même suite, sont combinées différemment.

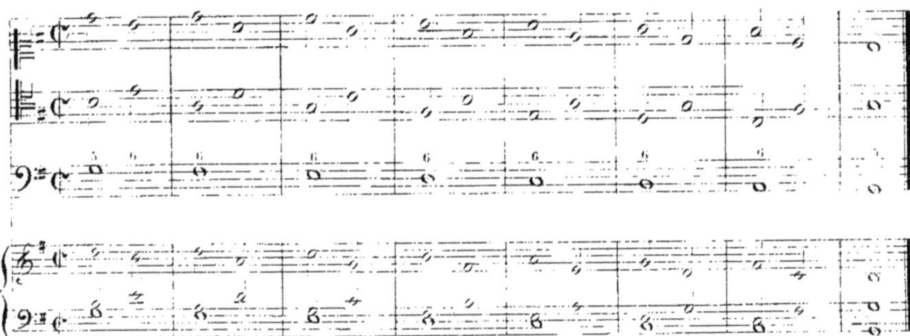

Variations.

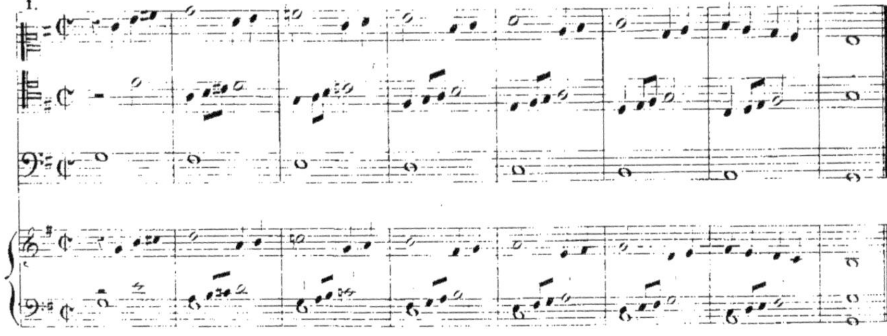

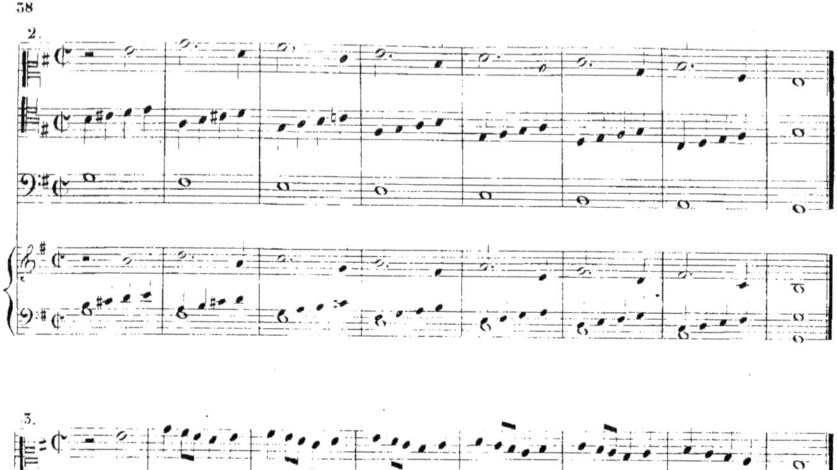

Harmonie simple dans les parties, mais de laquelle une suite de septièmes peut résulter.

C'est en retardant la sixte, ainsi que cela a été déjà enseigné, que l'on obtient la suite de septièmes.

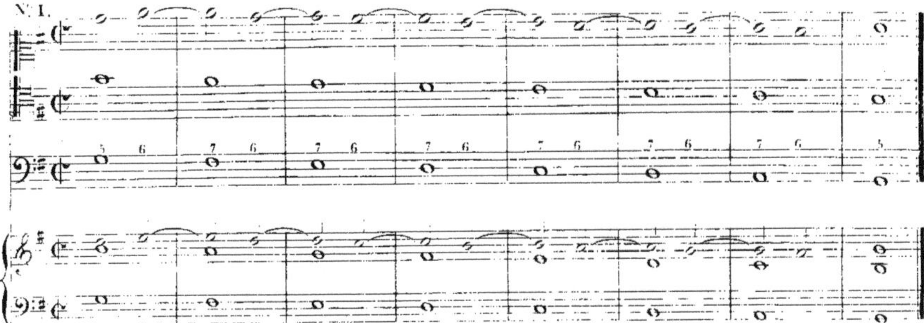

Variante amenée par une combinaison différente dans l'arrangement des parties.

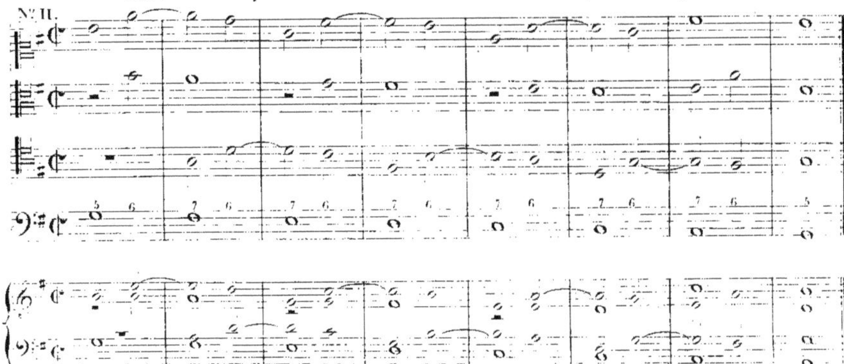

Autre variante qui consiste dans la diminution de la septième relativement à la durée.

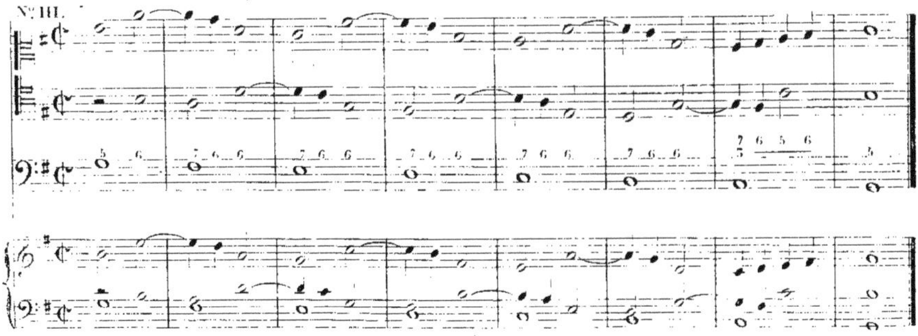

Variations à l'aide du contrepoint fleuri, pour la suite précédente, N.º 1.

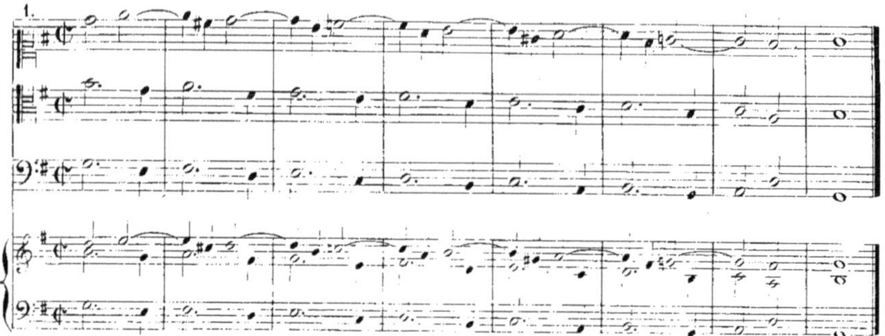

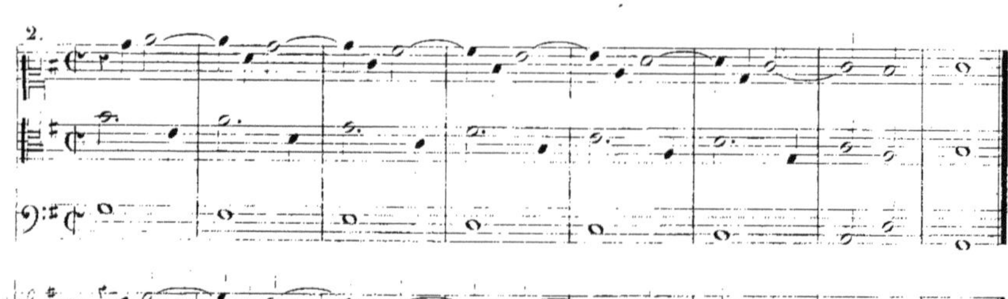

F. T. et Cie 1996.

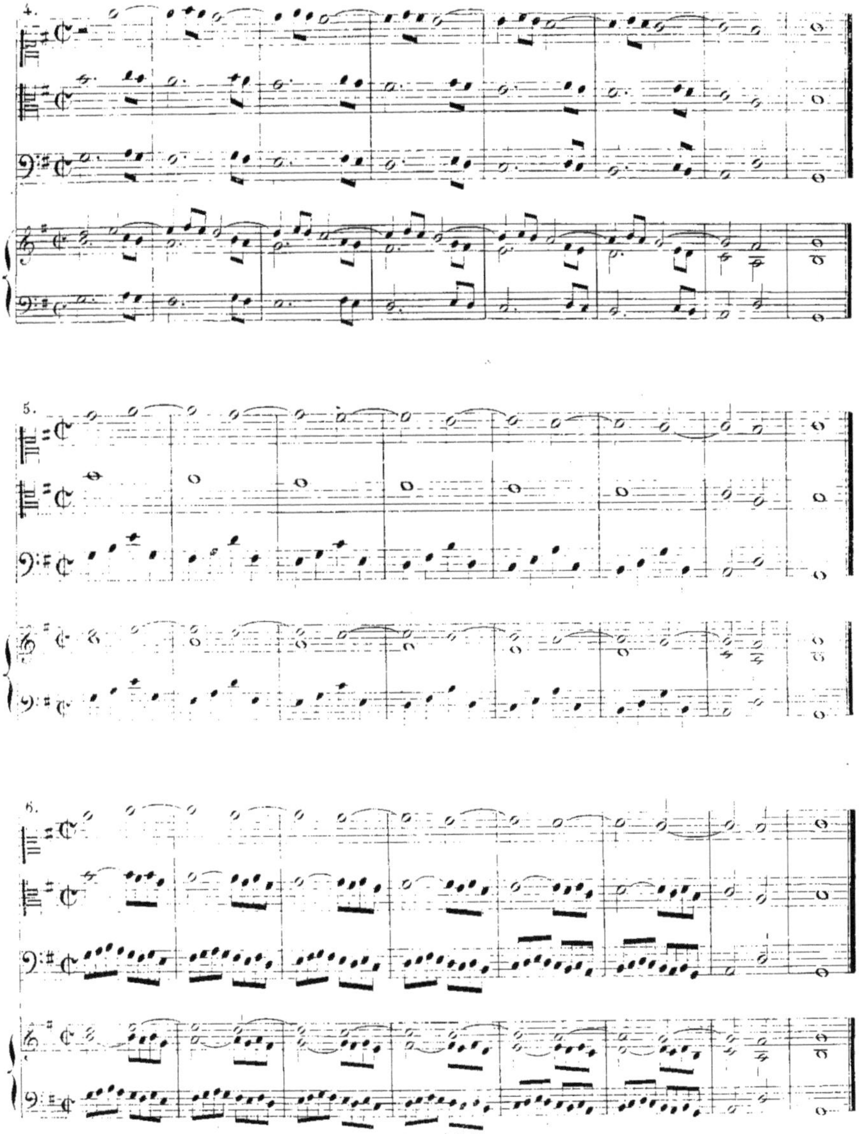

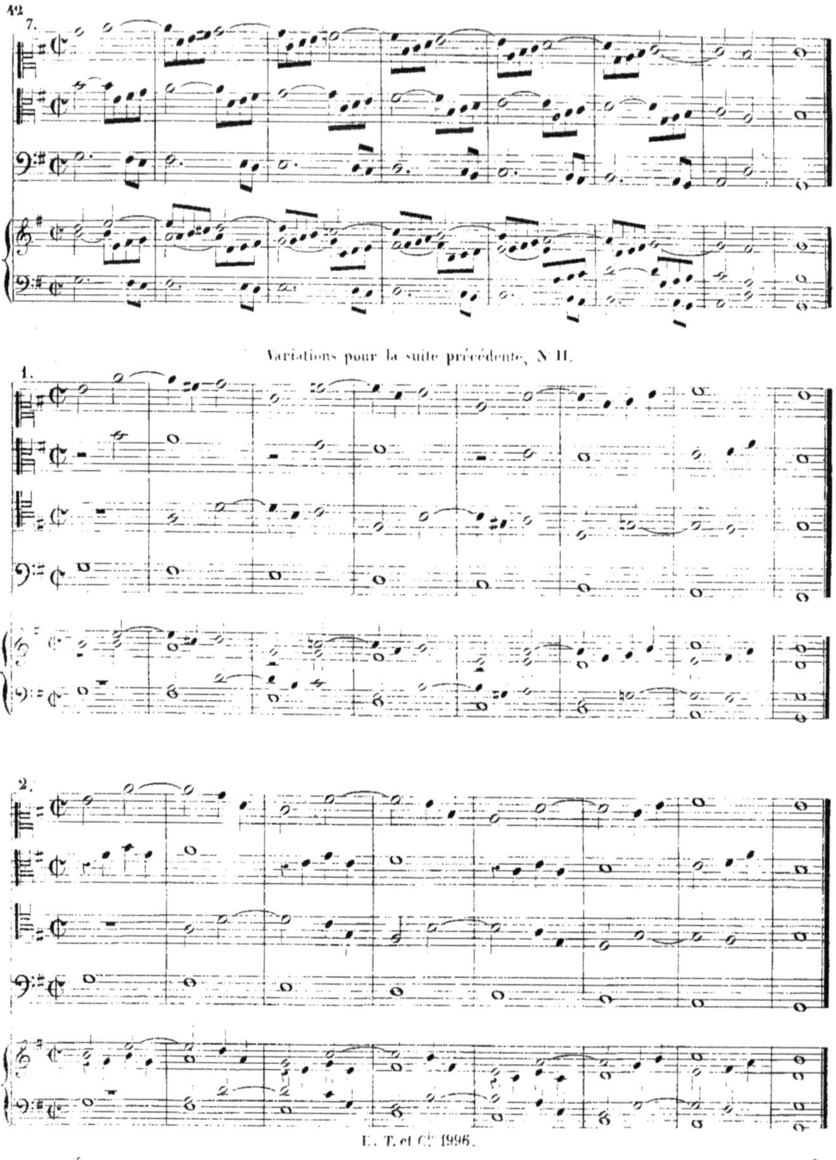
42
7.
Variations pour la suite précédente, N II.
1.
2.
L. T. et Cie 1996.

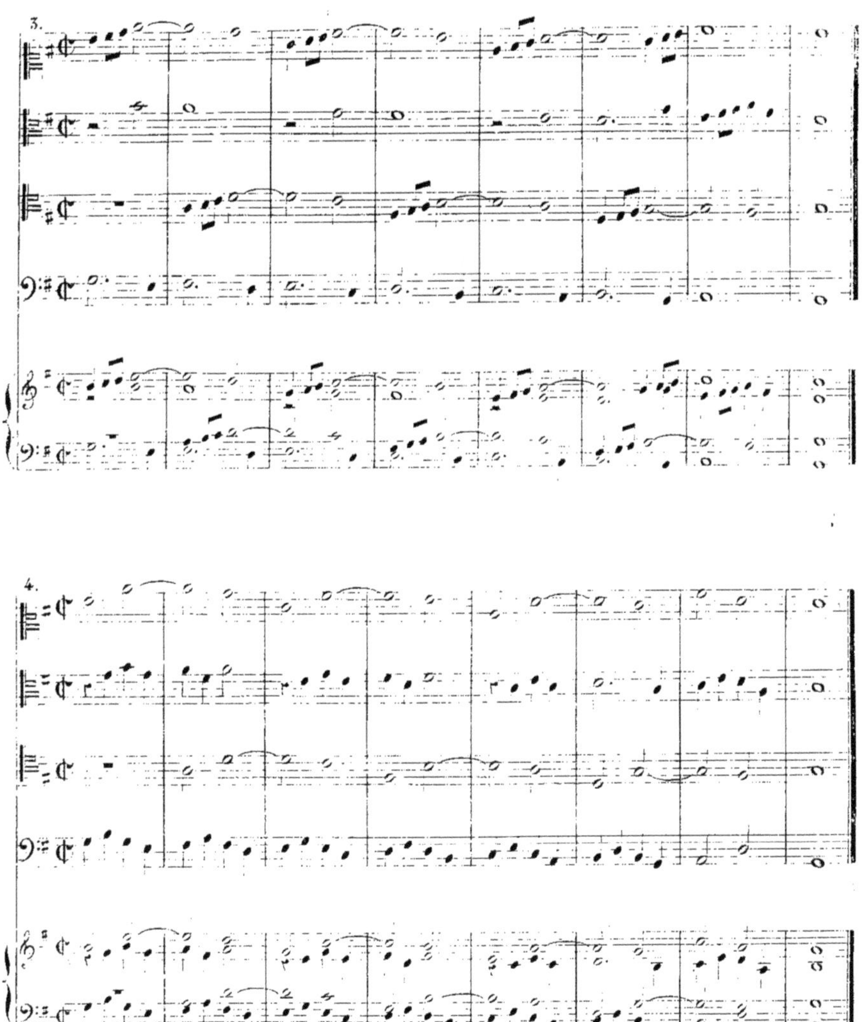

La suite N.º 3 n'étant pas susceptible d'un grand nombre de variations, on choisira celles qui peuvent en res-
sortir dans les deux manières précédentes.

Suites, produites par une marche d'harmonie, établie sur une série de sons descendant par degrés conjoints, excepté de la première note à la suivante, entre lesquelles il y a l'intervalle d'une quarte parfaite.

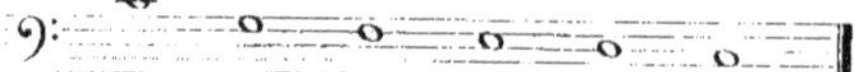

Harmonie simple d'accords parfaits dont il résulte une suite de quartes.

C'est par le retard des tierces que l'on produit la suite de quartes.

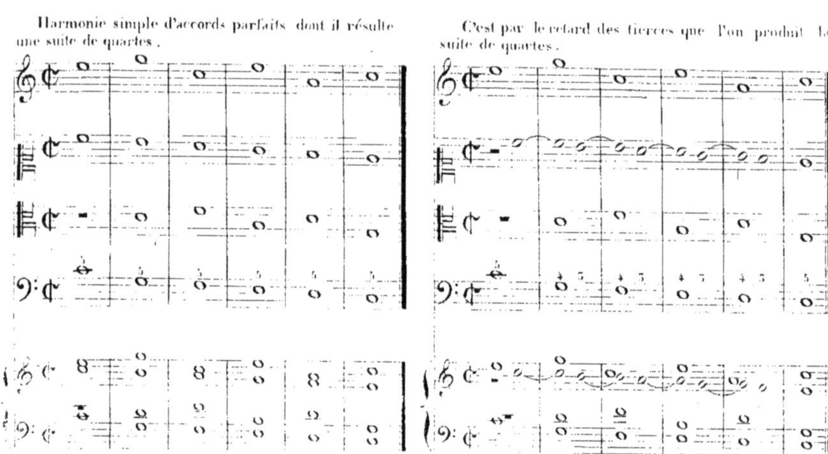

Variations pour cette suite.

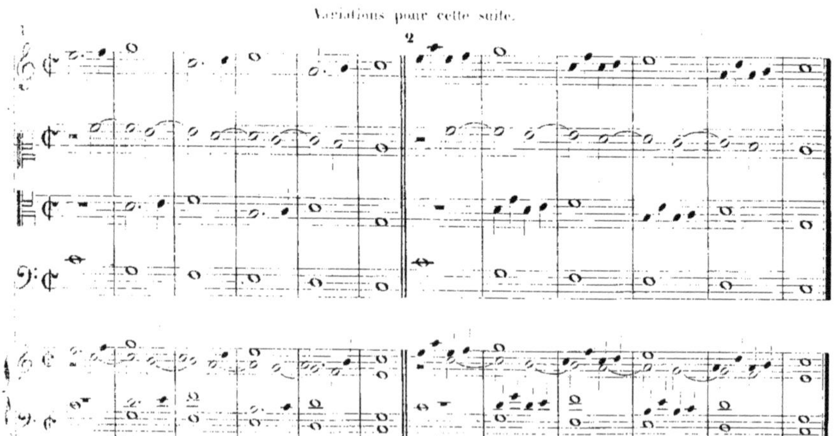

On peut à cette suite, et sur la même basse, introduire une suite de septièmes,en alternant.

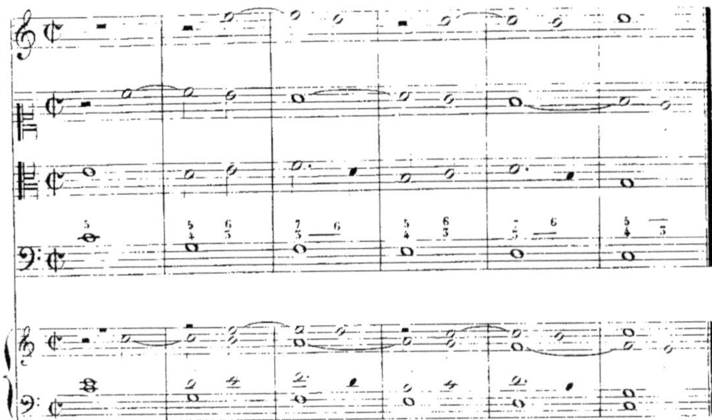

Suites établies sur une série de sons descendants, d'une valeur moindre que ceux des deux séries précédentes.

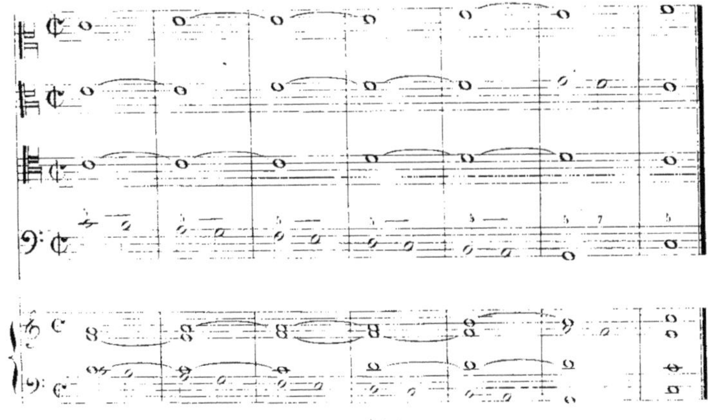

Harmonie simple d'accords parfaits, dans laquelle la basse fait une dissonance passagère sur le second temps (le faible) de chaque mesure.

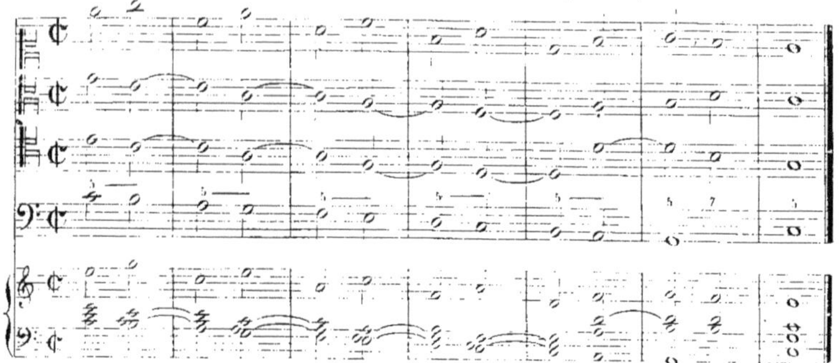

Même harmonie disposée d'une autre manière dans les trois parties supérieures.

Suite d'accords de quintes et de sixtes alternant simultanément sur la même basse.

Suite de septièmes de petite valeur alternant avec les accords de sixte.

F. T. et Cie 1996.

Suites produites par une marche d'harmonie, établie sur une série de sons, montant d'un degré, et descendant de deux degrés alternativement.

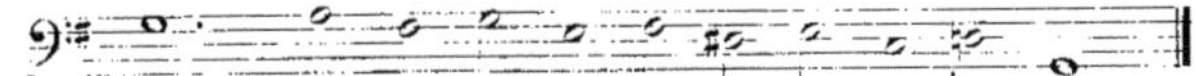

Harmonie simple formant une suite d'accords de sixtes et d'accords parfaits.

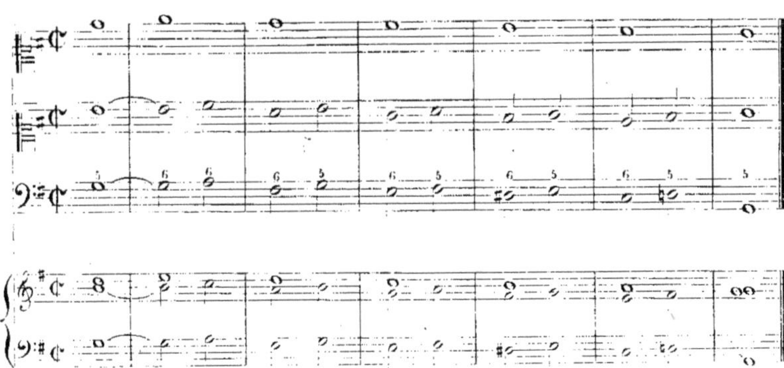

En ajoutant la dissonance de quinte dans l'accord de sixte on aura la suite de quinte et sixte simultanées.

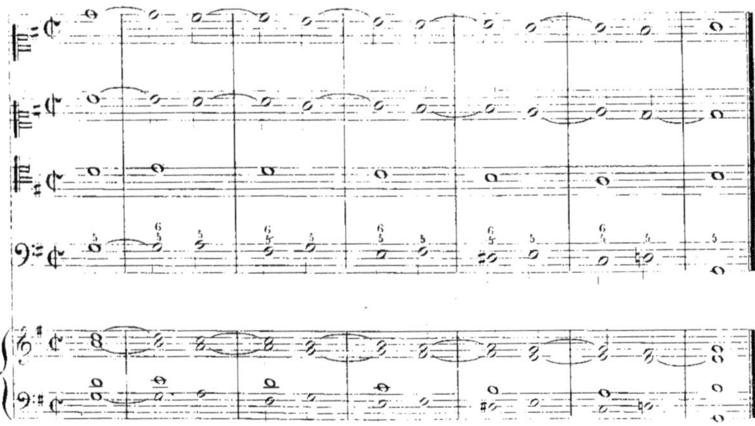

Variations sur cette suite à l'aide du contrepoint fleuri.

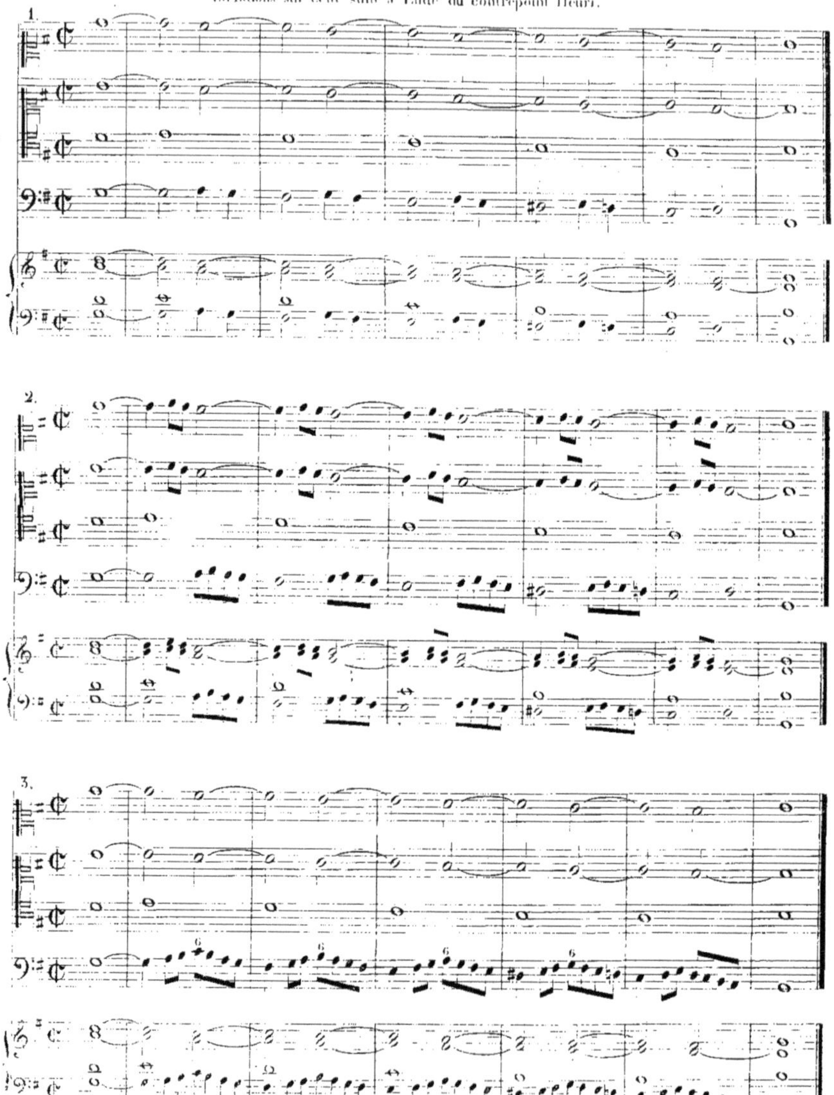

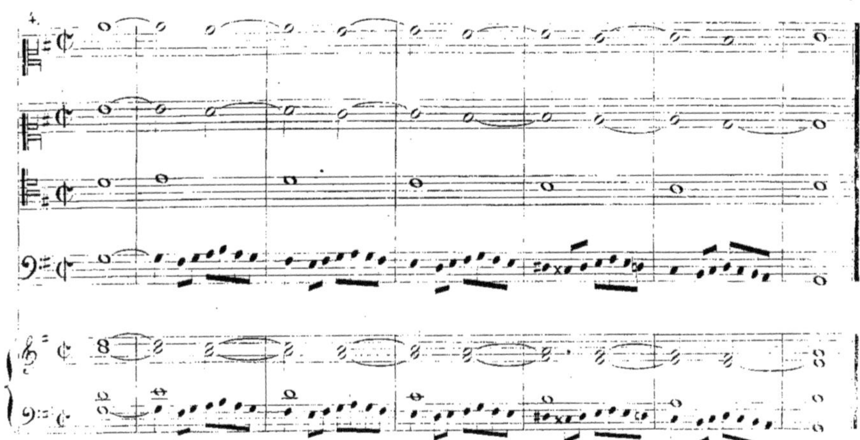

La même harmonie simple, exposée à la page 47 produira, par le retard des sixtes, une suite de septièmes.

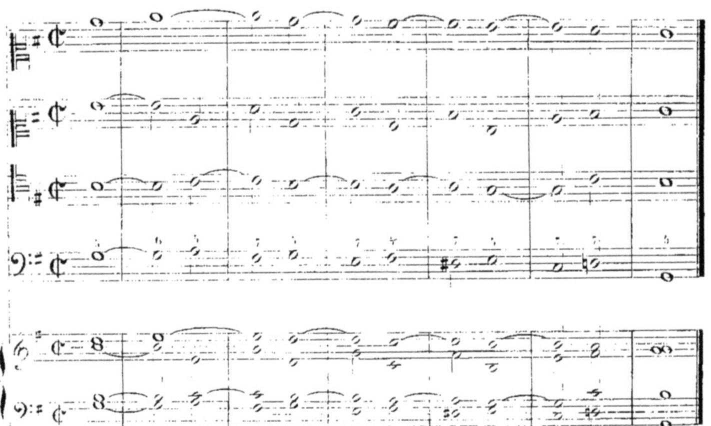

On peut employer à peu près les mêmes variations pour cette suite que celles employées à l'égard de la précédente.

Suites produites par une marche d'harmonie,
établie sur une série presque semblable à celle qu'on vient de donner.

Harmonie simple, formant une suite d'accords parfaits et d'accords de sixtes. 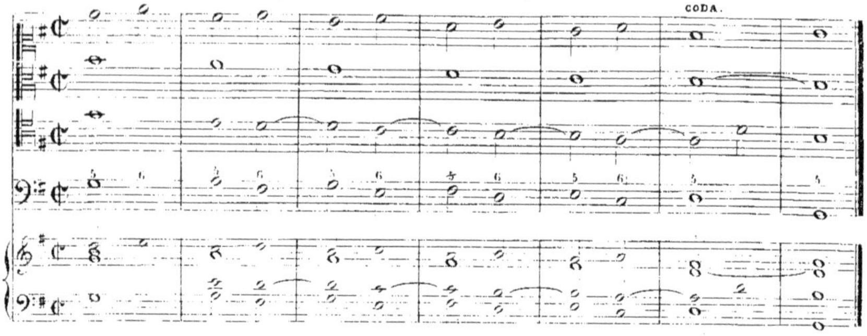
CODA.
En prolongeant l'unité des accords de sixtes dans les accords parfaits, on produira une suite de secondes. 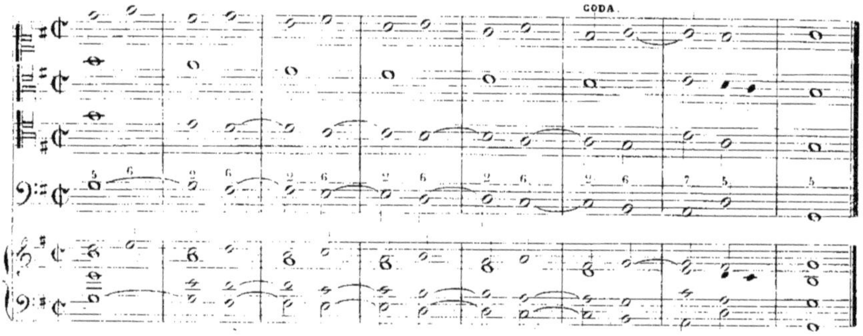
CODA.
A cette suite on peut associer, de la manière suivante, celle de sixte et quinte simultanées. 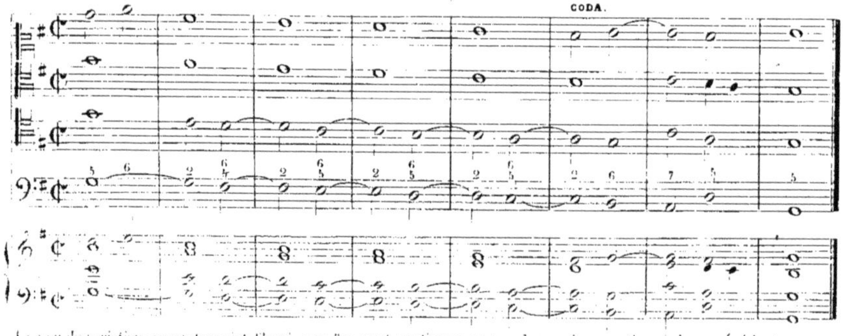
CODA.
Le jeu de variations en contrepoint fleuri, que l'on peut pratiquer sur ces deux suites, se tirera des précédentes.
E. T. et Cie 1996.

Avec la même harmonie, établie sur la série qu'on vient d'exposer, on produit la suite de neuviemes.

Variations par le contrepoint fleuri.

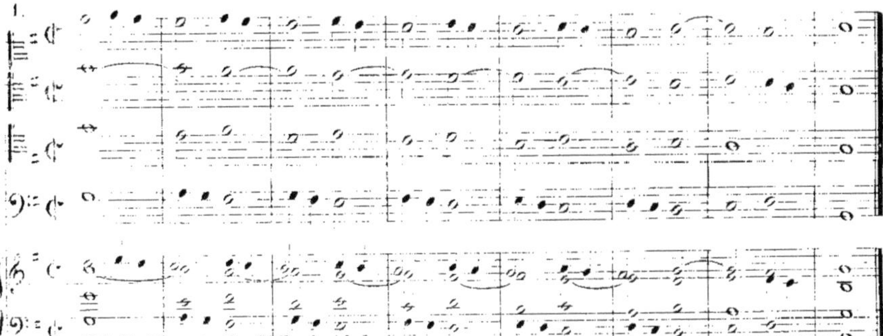

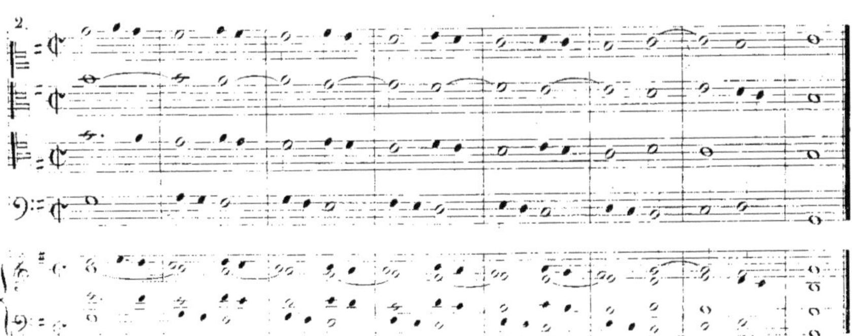

3.

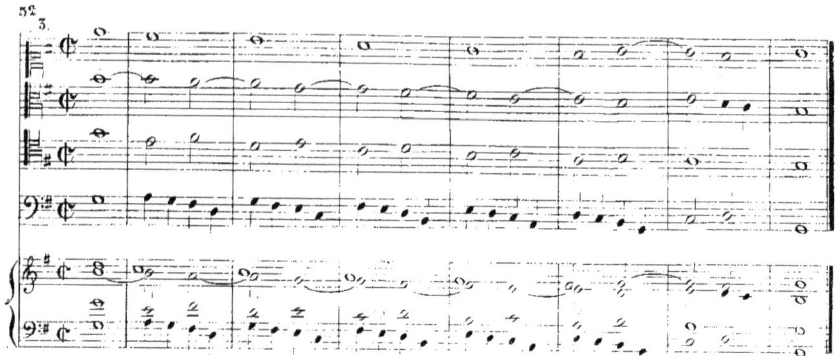

Harmonie simple sur une série semblable à la précédente, formant une suite d'accords parfaits, de laquelle résulte de même une suite de neuvièmes.

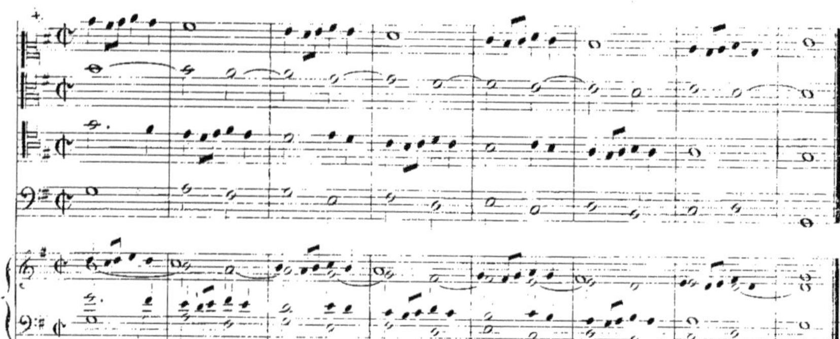

Suite de neuvièmes, produite par la suite précédente.

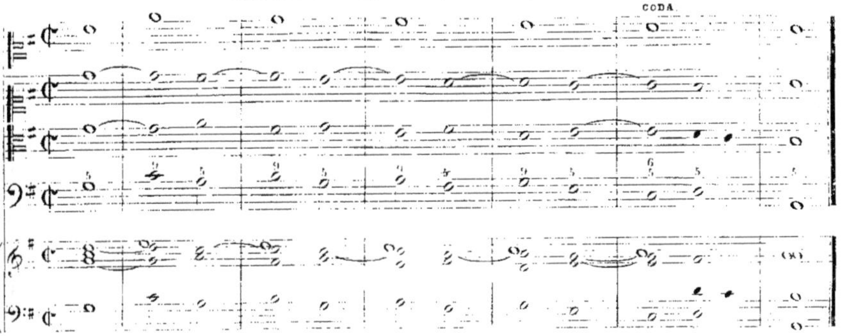

CODA

Variations en contrepoint fleuri.

1.

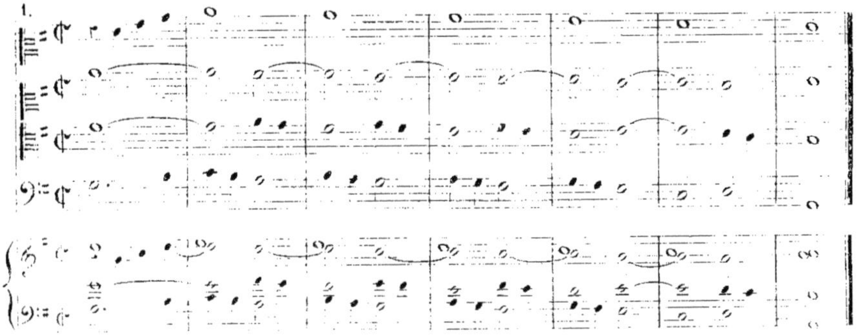

2.

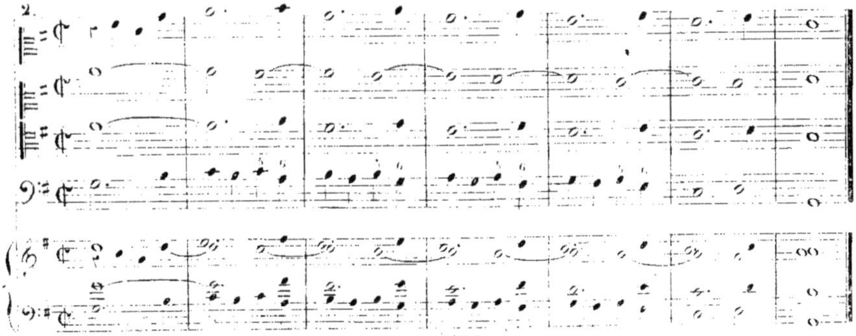

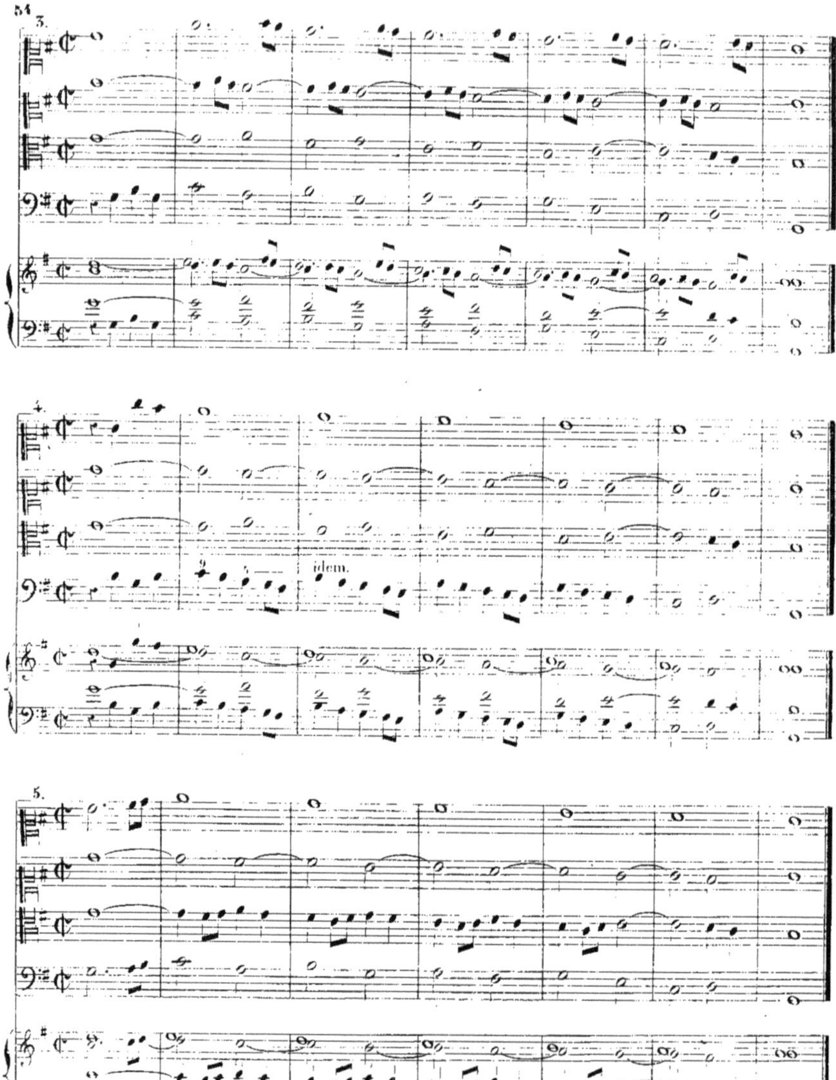
F. T. et Cie 1996.

Autres différentes suites de neuvièmes et de sixtes et quintes simultanées, alternant avec des accords parfaits ; d'accords parfaits et de sixtes et quintes établies alternativement sur des basses différentes de celles qui ont été employées précédemment.

Suite de neuvièmes, de sixte et de quintes réunies, alternant avec des accords parfaits.

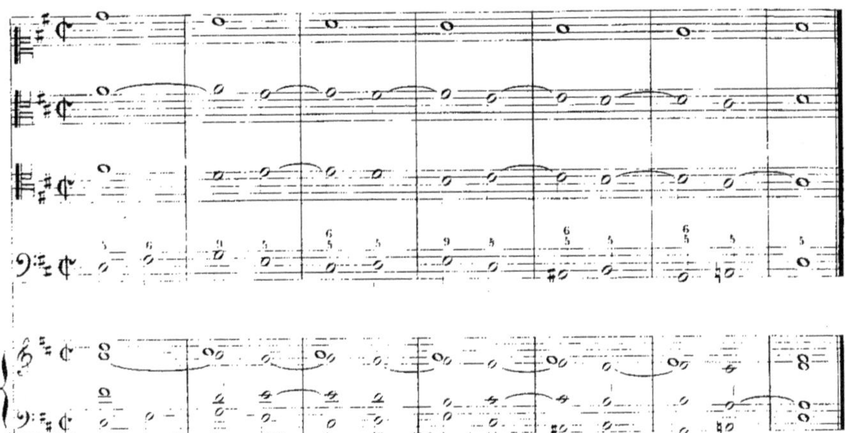

Variations.

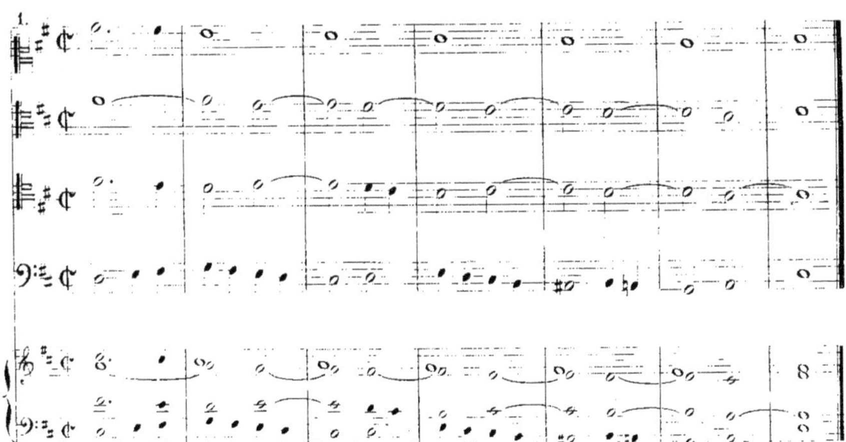

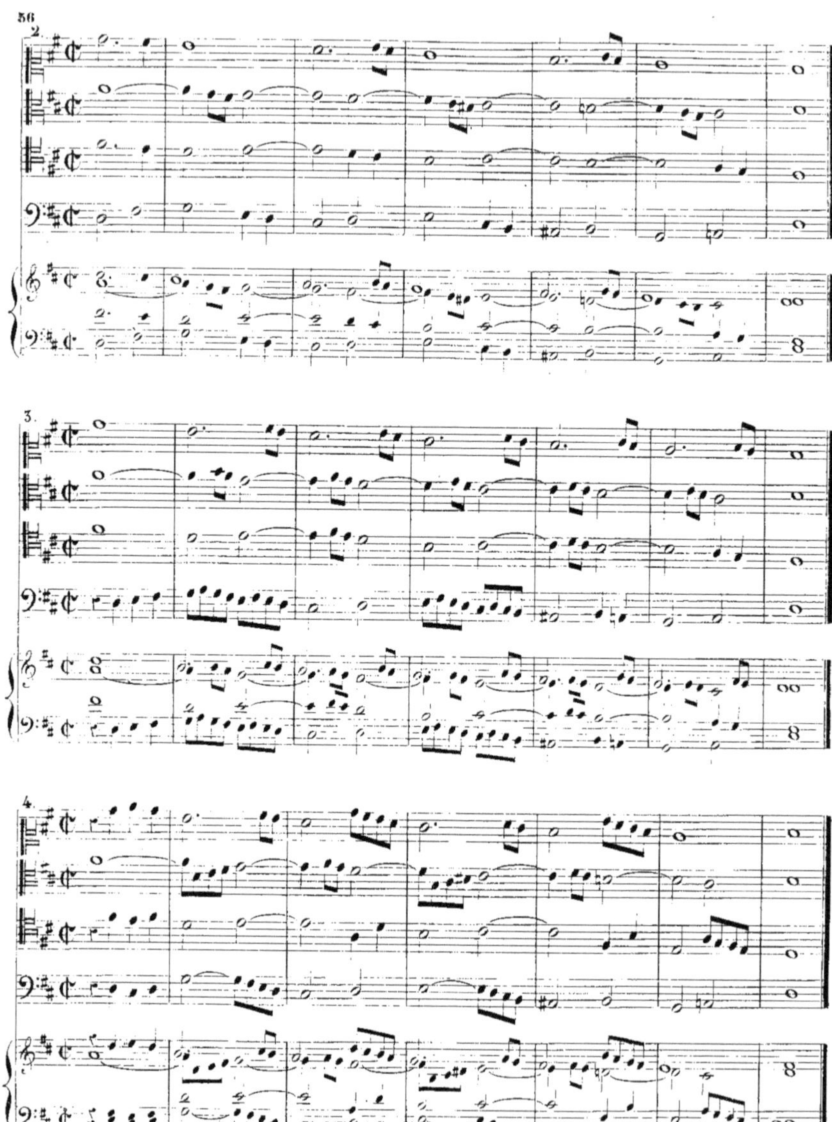
56
2.
3.
4.
E. T. et Cⁱᵉ 1996.

Suit. de neuvièmes et de sixtes et quintes, semblable aux précédentes, mais ayant un arrangement différent de parties, et modulant.

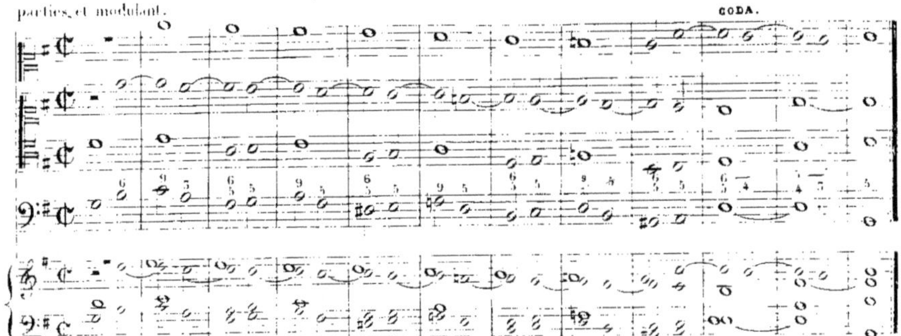

Suite alternative d'accords parfaits et de sixtes et quintes, modulant.

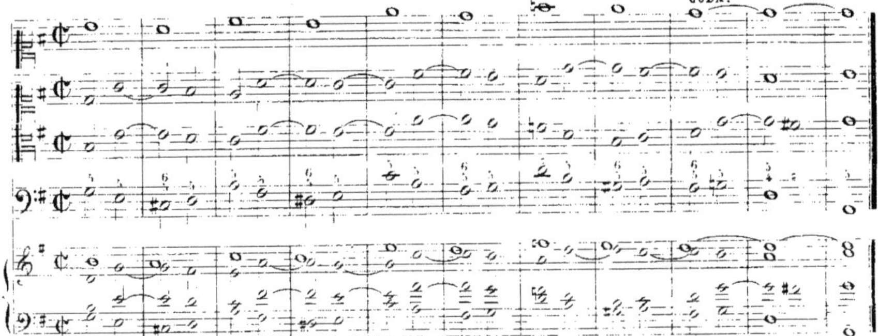

Même suite, dont les parties sont différemment combinées au moyen de l'introduction de la quarte dans quelques uns des accords parfaits.

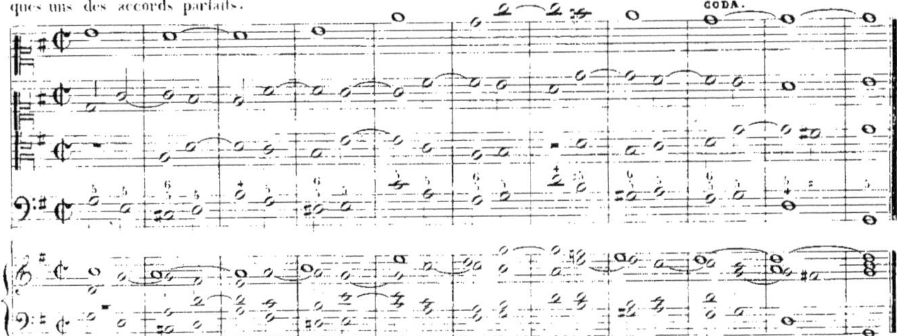

Parmi toutes les variations qu'on a tracé jusqu'à présent, il sera aisé d'en choisir qui puissent convenir à ces trois dernières suites.

F. T. et C.ie 1996.

Suites produites par une marche d'harmonie, établie sur une série de sons montant et descendant, tour à tour, de tierce et de seconde.

Harmonie simple, produisant une suite d'accords de sixte.

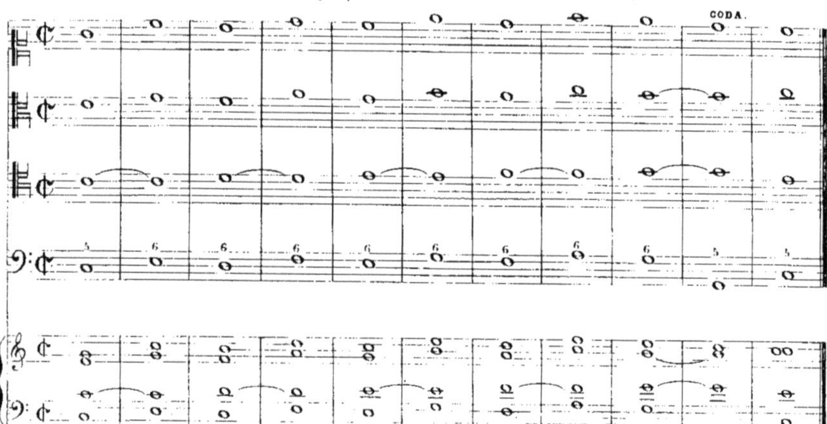

Cette suite produit alternativement celle de septièmes et de sixtes.

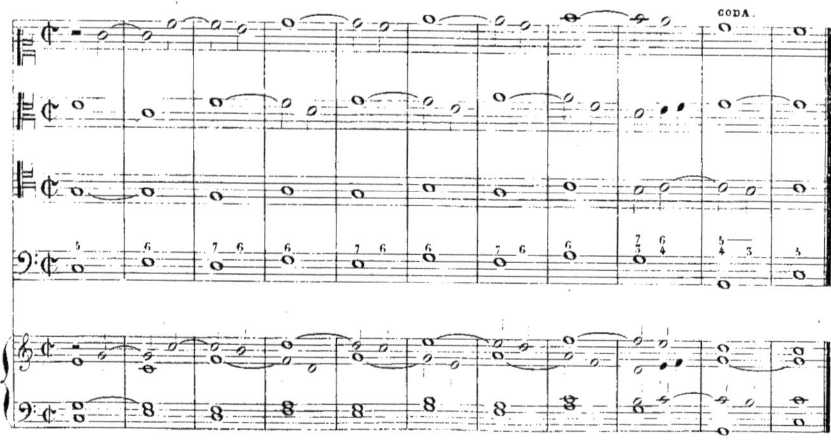

E. T. et C.ᵉ 1996.

Variations en contrepoint fleuri.

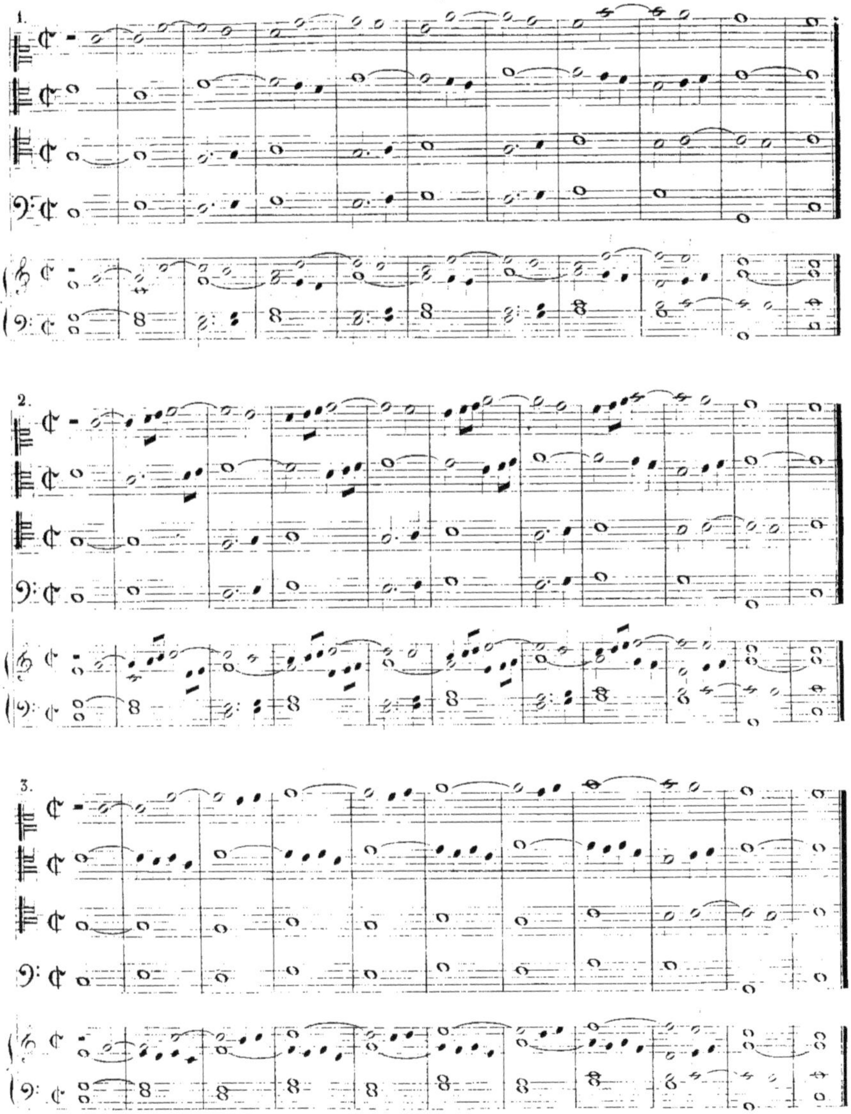

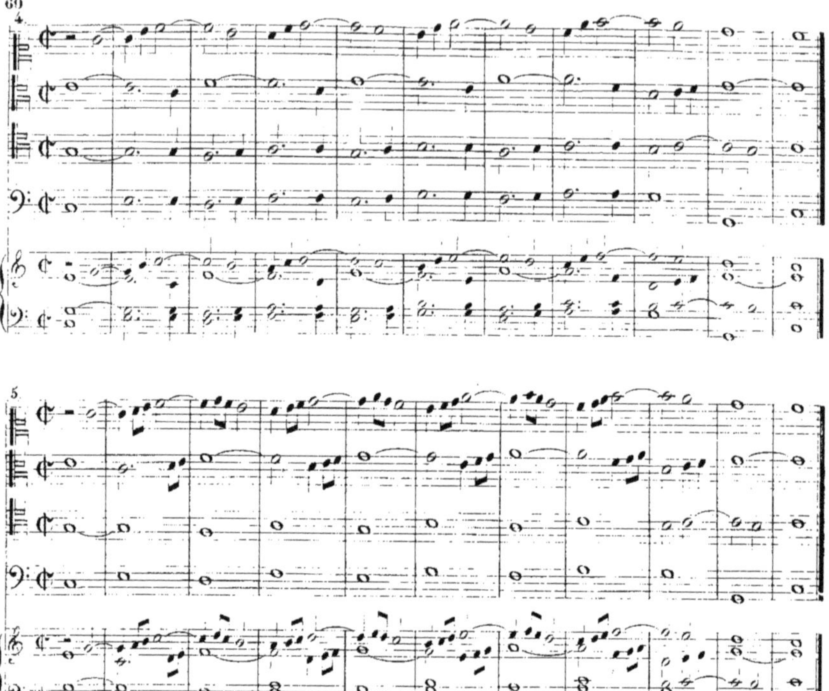

En diminuant de moitié la valeur des notes de cette série, il en résultera une suite de septièmes, et cette dissonance se trouvera placée dans chaque mesure.

Harmonie simple formant une suite radicale de sixtes.

La même harmonie, produisant une septième sur le temps fort des 2ᵉ, 3ᵉ, 4ᵉ et 5ᵉ mesures qui, avec la première et la dernière mesure, complètent la démonstration.

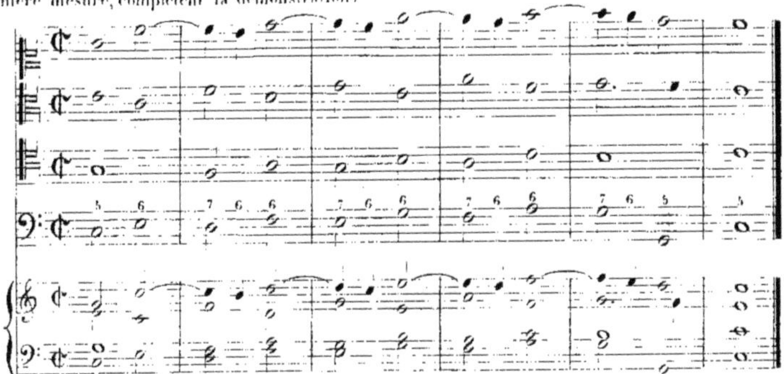

Variations.

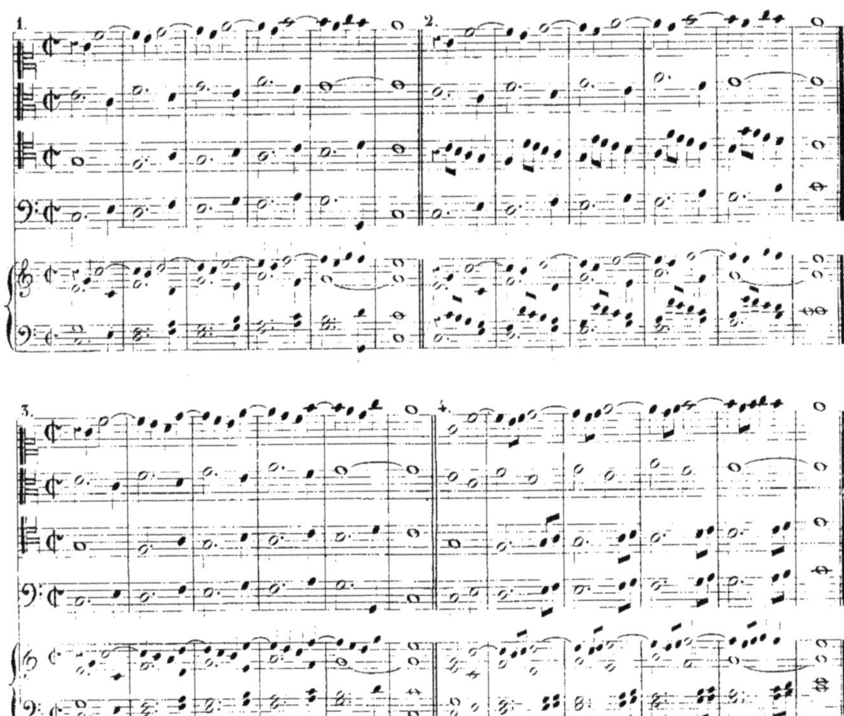

62
Variation pour des instrumens.
5 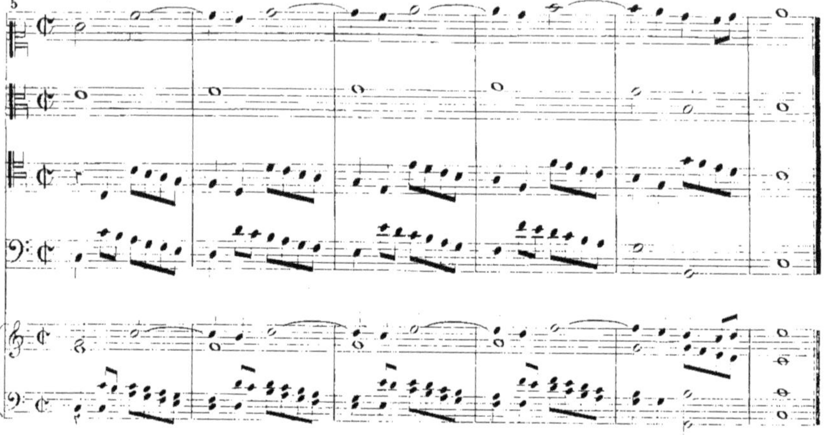
Suites produites par une marche d'harmonie, établie sur une série de sons
descendant d'une tierce et montant d'une seconde. 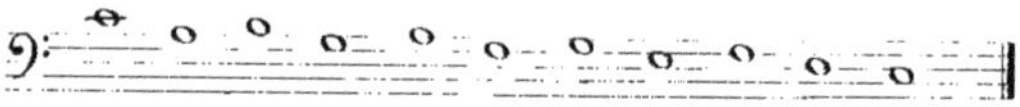
Harmonie simple, produisant une suite d'accords parfaits et d'accords de sixte, se succédant les uns aux autres.
N°1

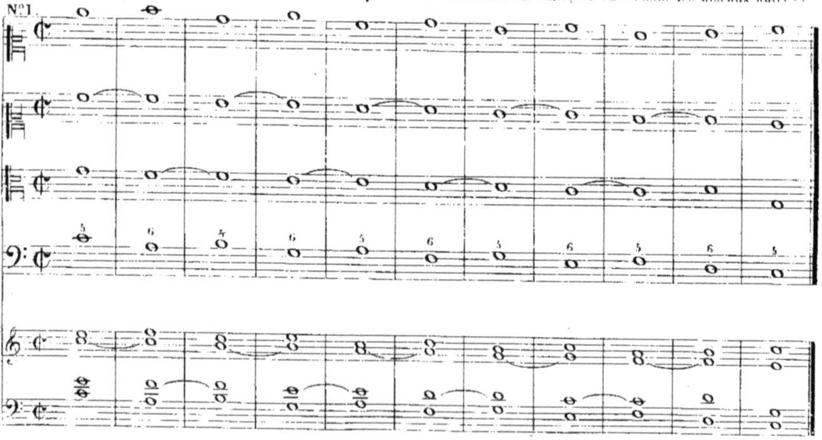

En retardant les sixtes on produira une suite d'accords parfaits et d'accords de quinte et sixte, se succédant les uns aux autres.

N°II.

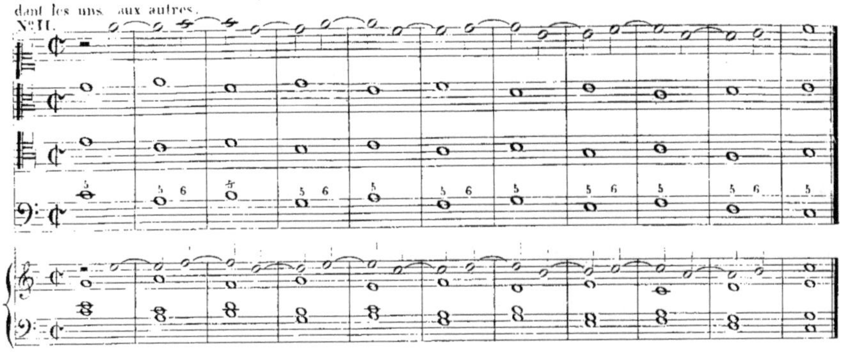

dissonnance
passagère.

Variations du N°I.

1.

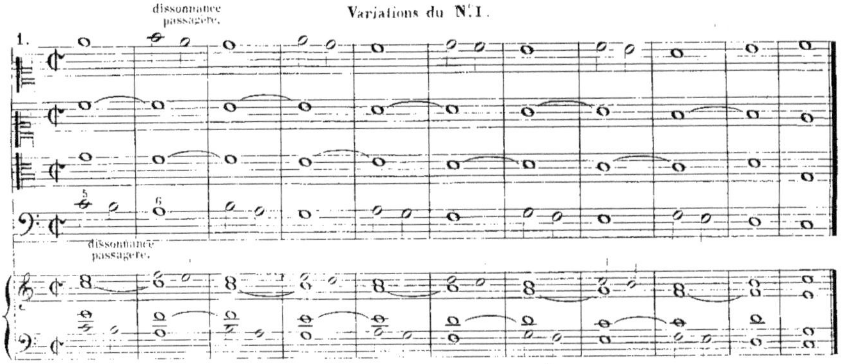

dissonnance
passagère.

2.

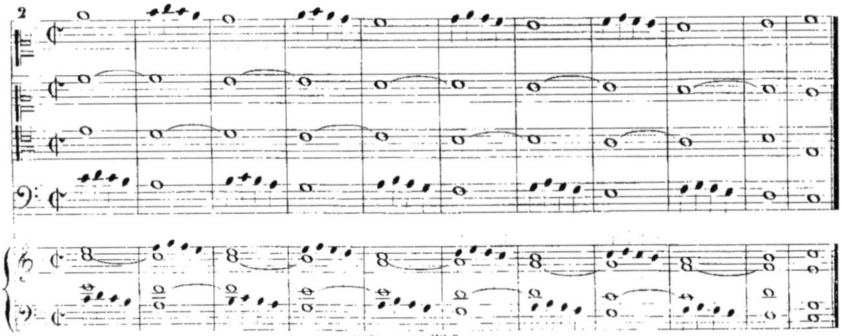

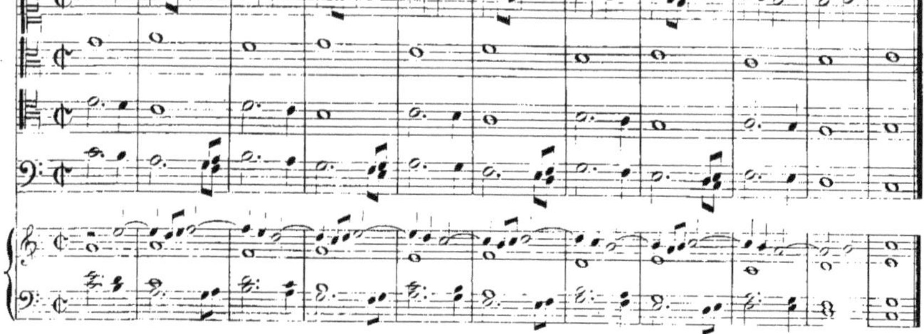

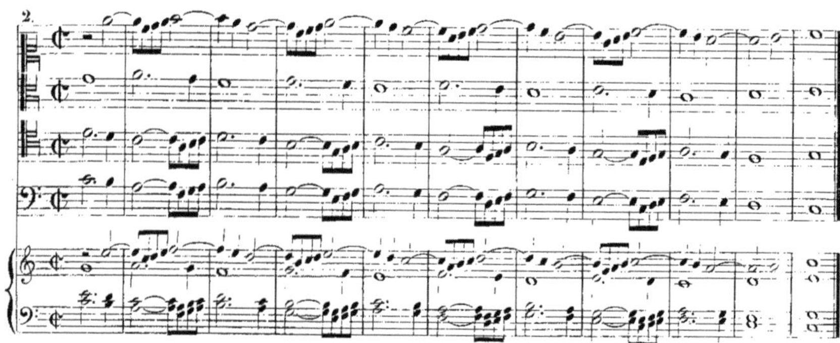

Sur la suite radicale qui précède, ou avec la même harmonie, on peut réunir deux suites: l'une de sixtes et quintes simultanées, l'autre de secondes.

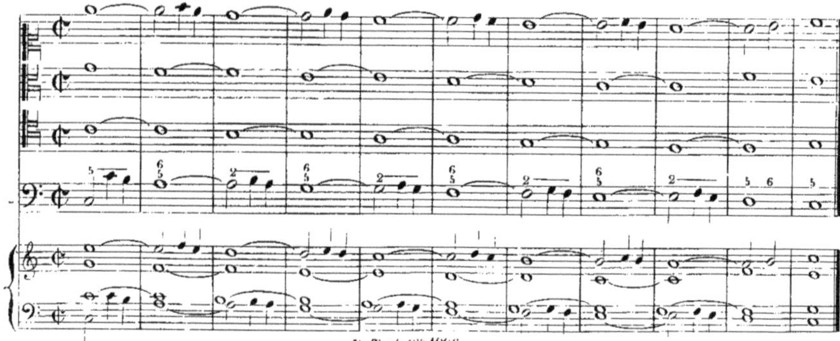

On peut aussi, en suivant les mêmes données, associer, eu les faisant se succéder, la suite d'accords parfaits avec celle de septièmes.

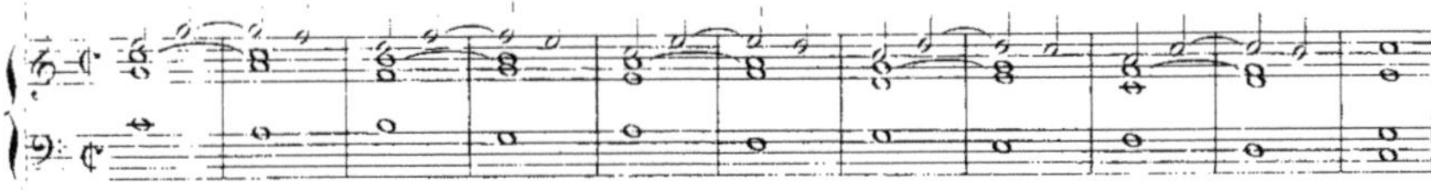

Variations.

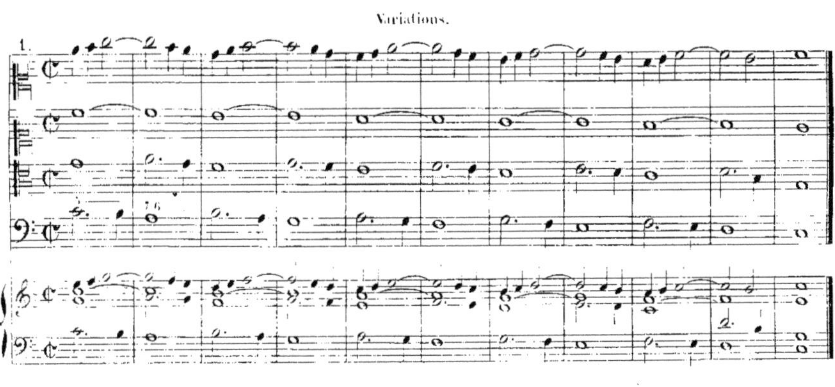

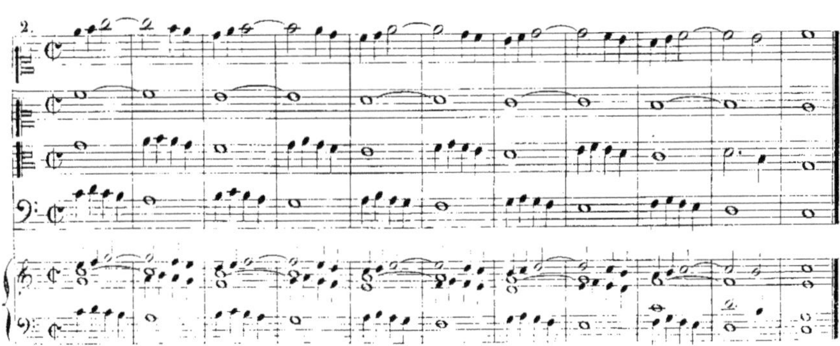

Même suite, dont les parties sont différemment disposées.

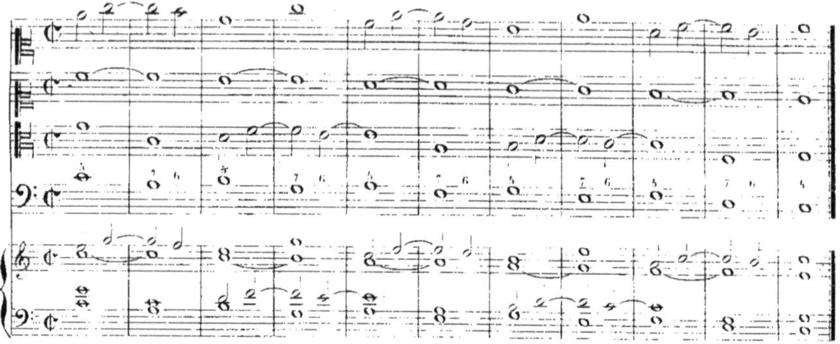

Variations.

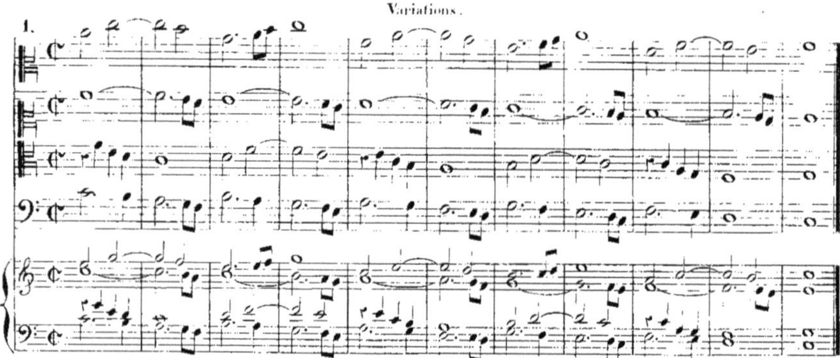

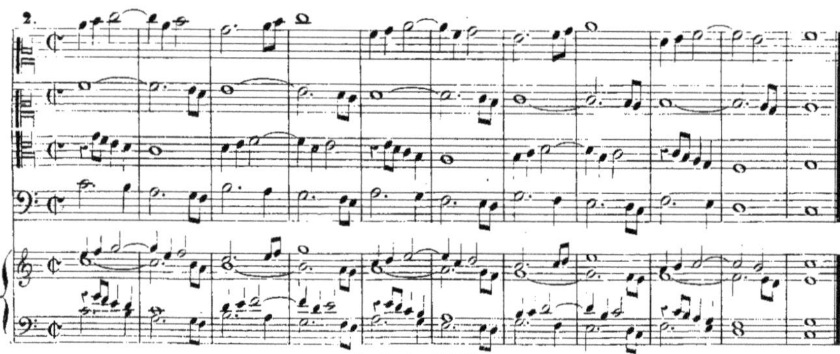

On verra dans l'exemple suivant, que l'on peut associer, en les alternant, les suites de septièmes et de neuvièmes.

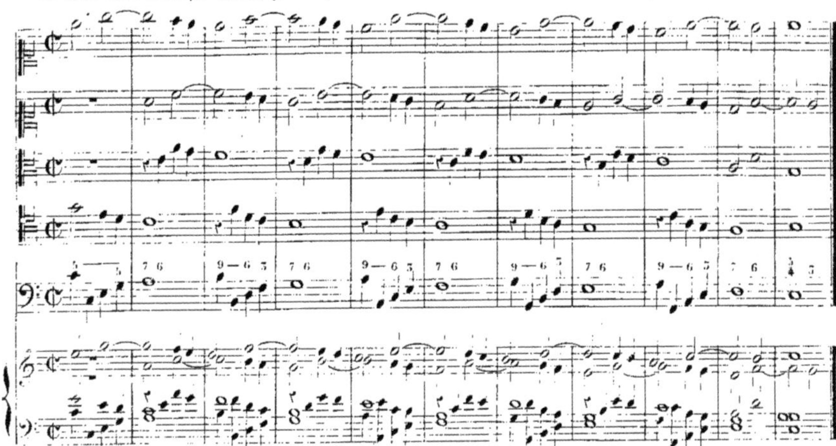

Suite produite par une harmonie établie sur une série de sons descendant de tierce.

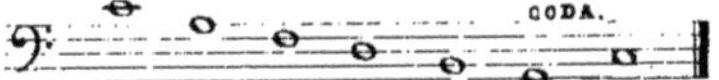

Harmonie simple, produisant une suite d'accords parfaits.

Cette harmonie, en syncopant la Basse, produit une suite d'accords parfaits et de sixte.

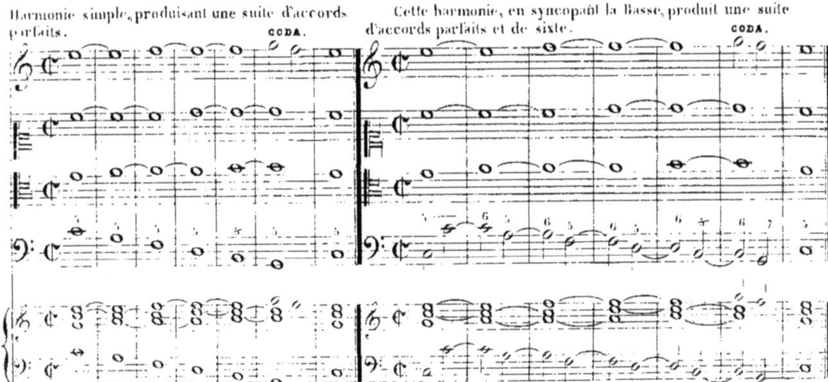

On ne peut faire qu'une seule variation sur cette suite; c'est en remplissant par une noire tous les intervalles de tierce, qui sont placés à la Basse, qu'on la produit.

F. T. et C.ie 1996.

Suites produites par une harmonie simple, établie sur une série de sons descendant de tierce et montant de quarte.

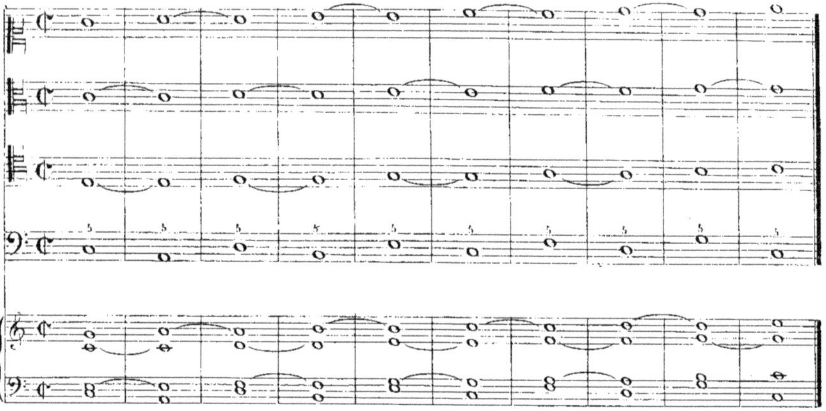

Harmonie simple, produisant une suite d'accords parfaits.

Cette suite produit celle d'accords parfaits suivi d'accords de sixte.

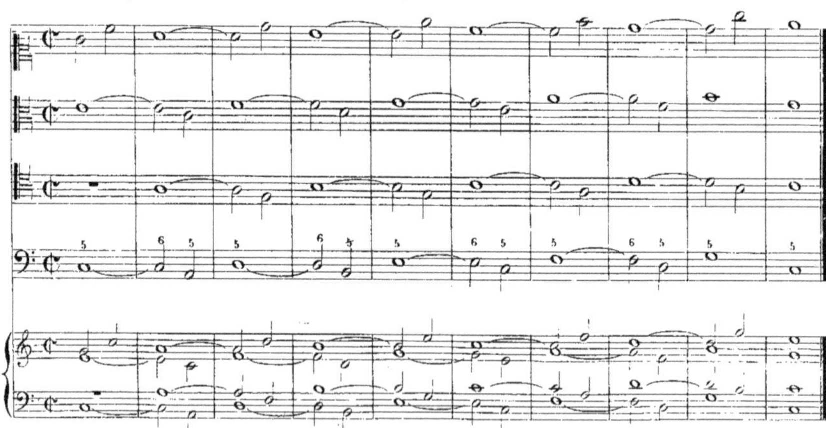

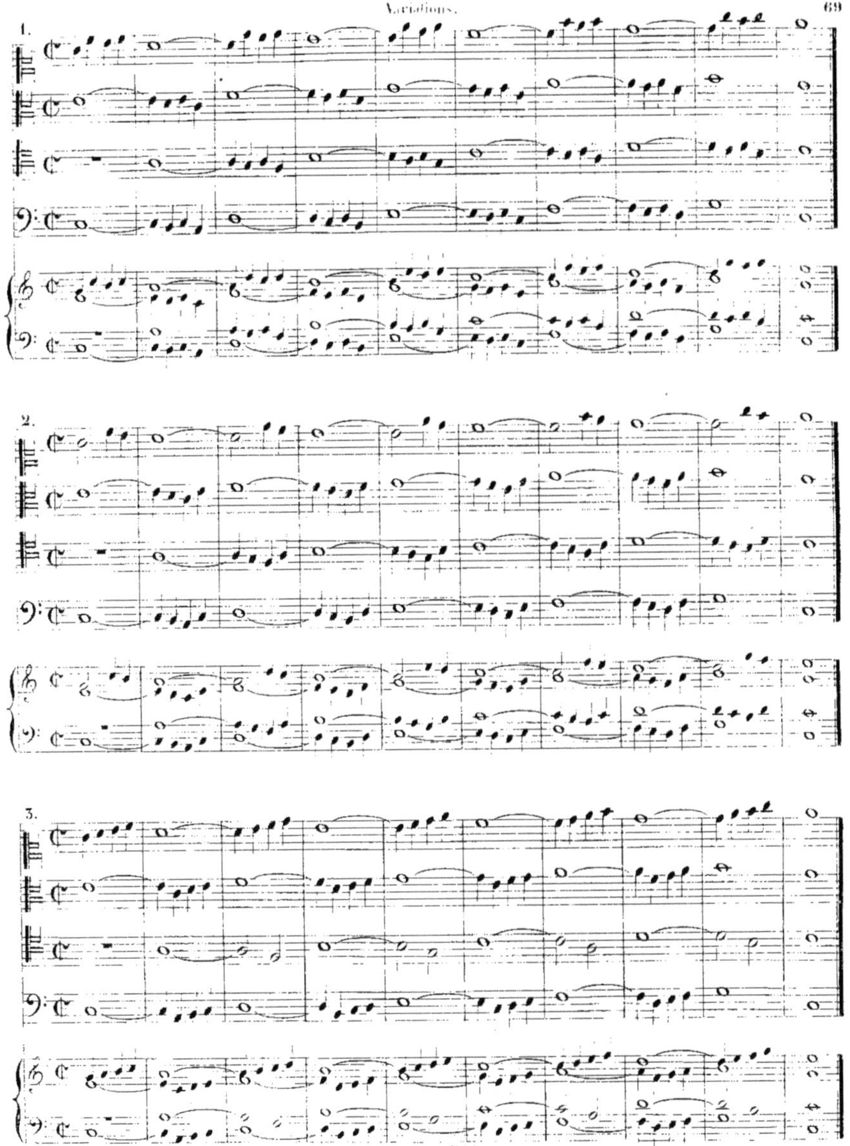

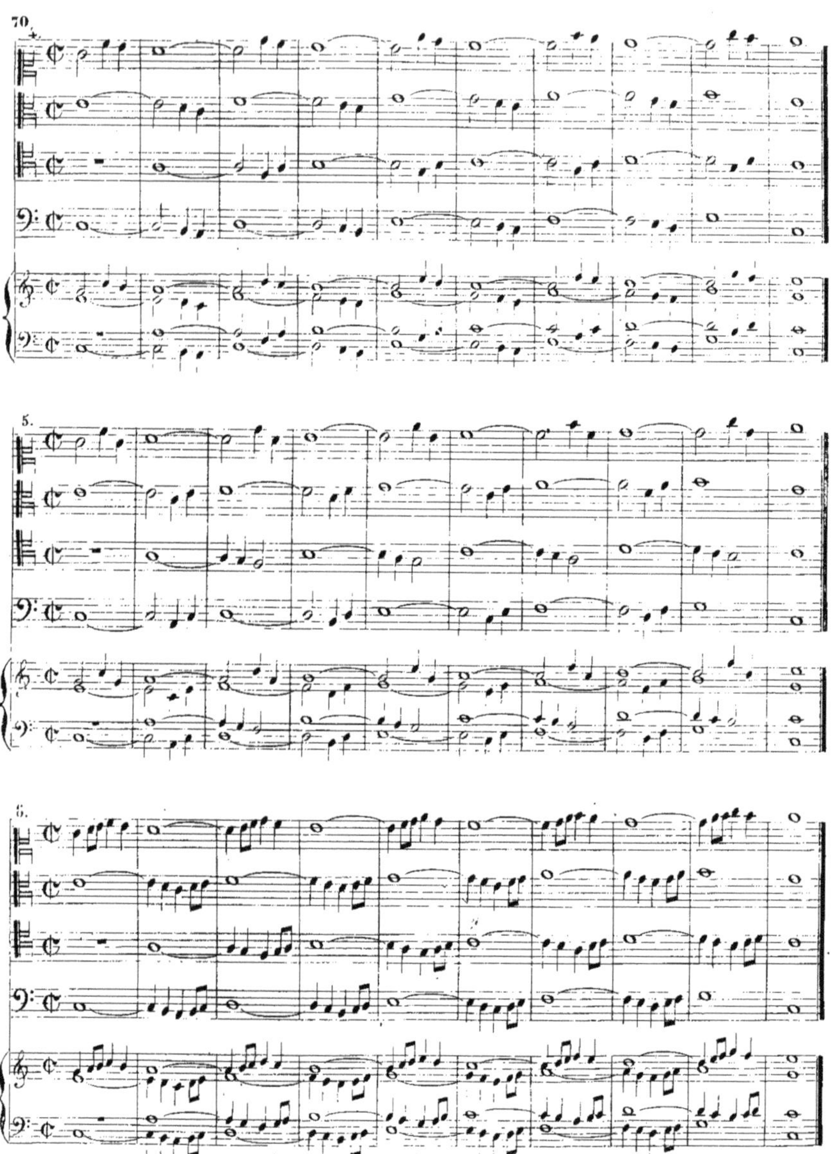
70.
5.
6.
F. T. et Cie 1996.

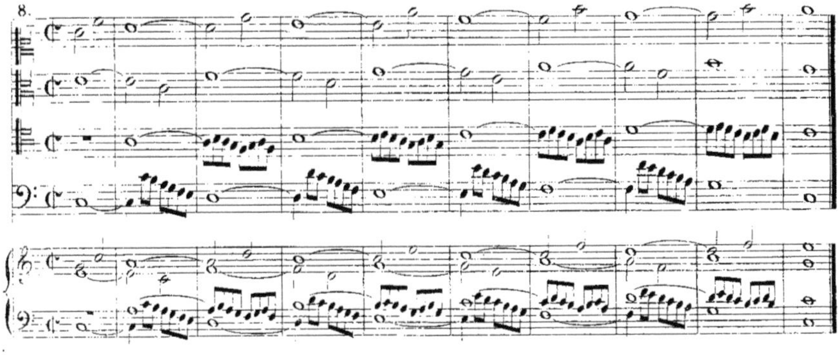

Autres variations sur la même suite, amenées par un arrangement différent des parties.

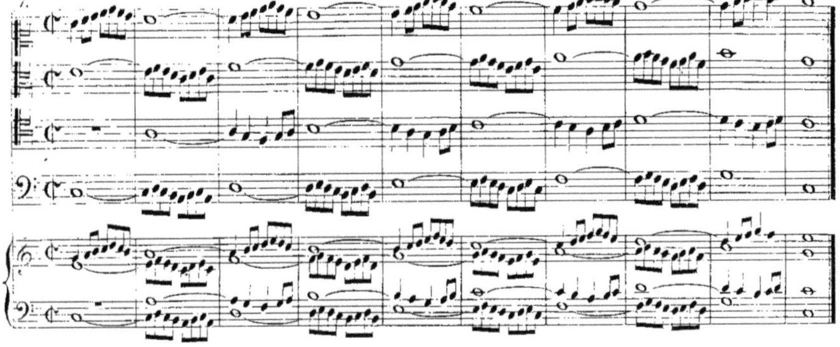

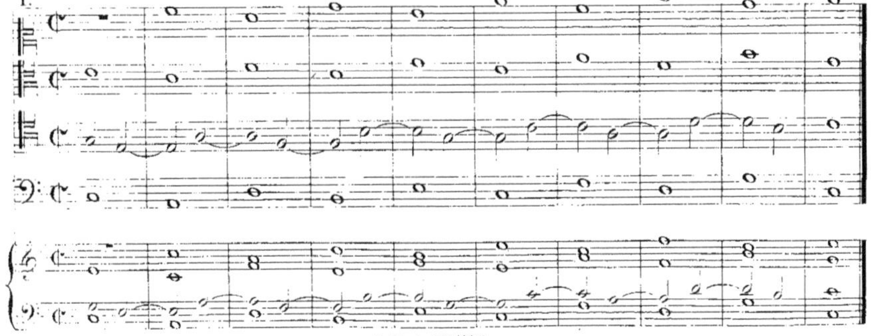

E. T. et Cⁱᵉ 1996.

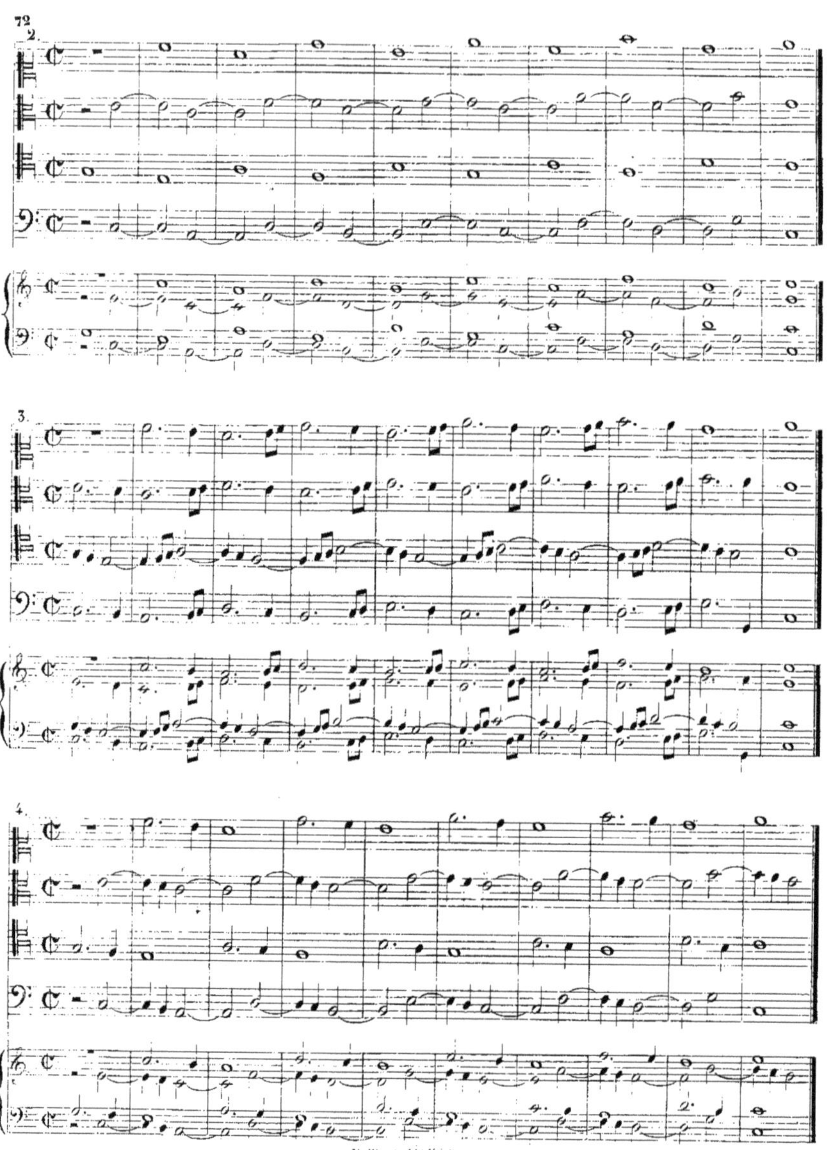
72
E. T. et C.º 1886.

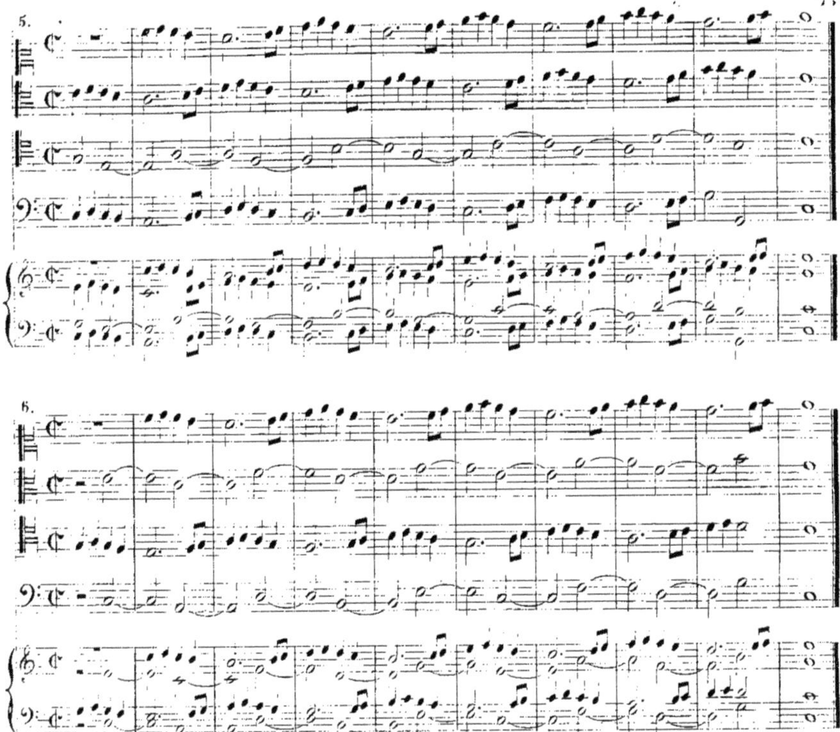

5.
6.
75
Harmonie simple, formant une suite d'accords parfaits et d'accords de sixte.
7.

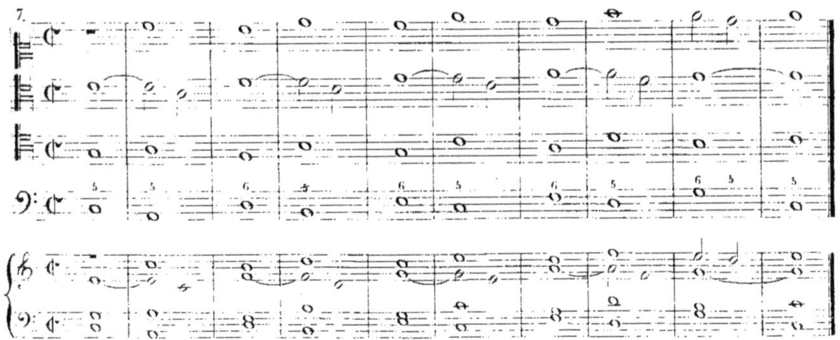

Cette suite, en retardant les sixtes, produit une suite de septièmes, alternant avec les accords parfaits.

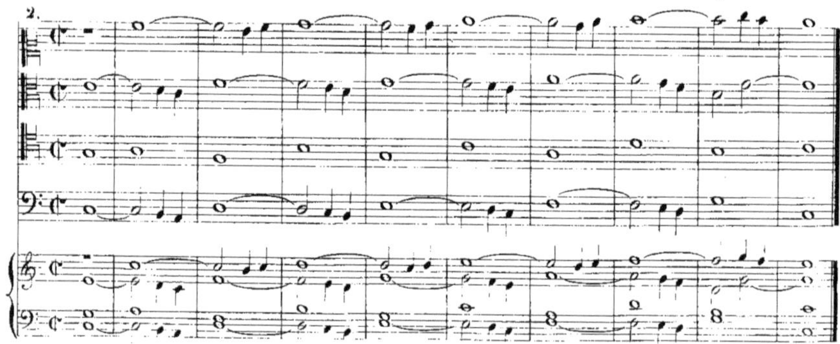

Variations.

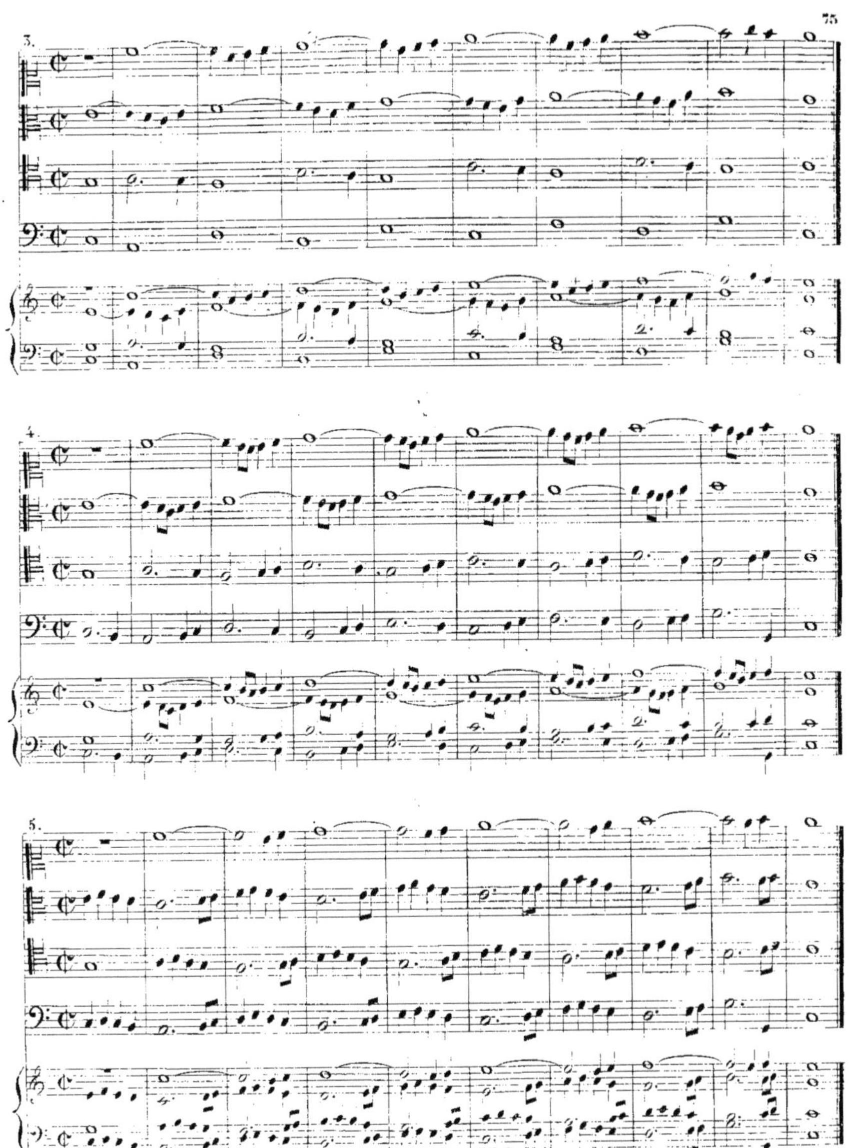
3.
4.
5.

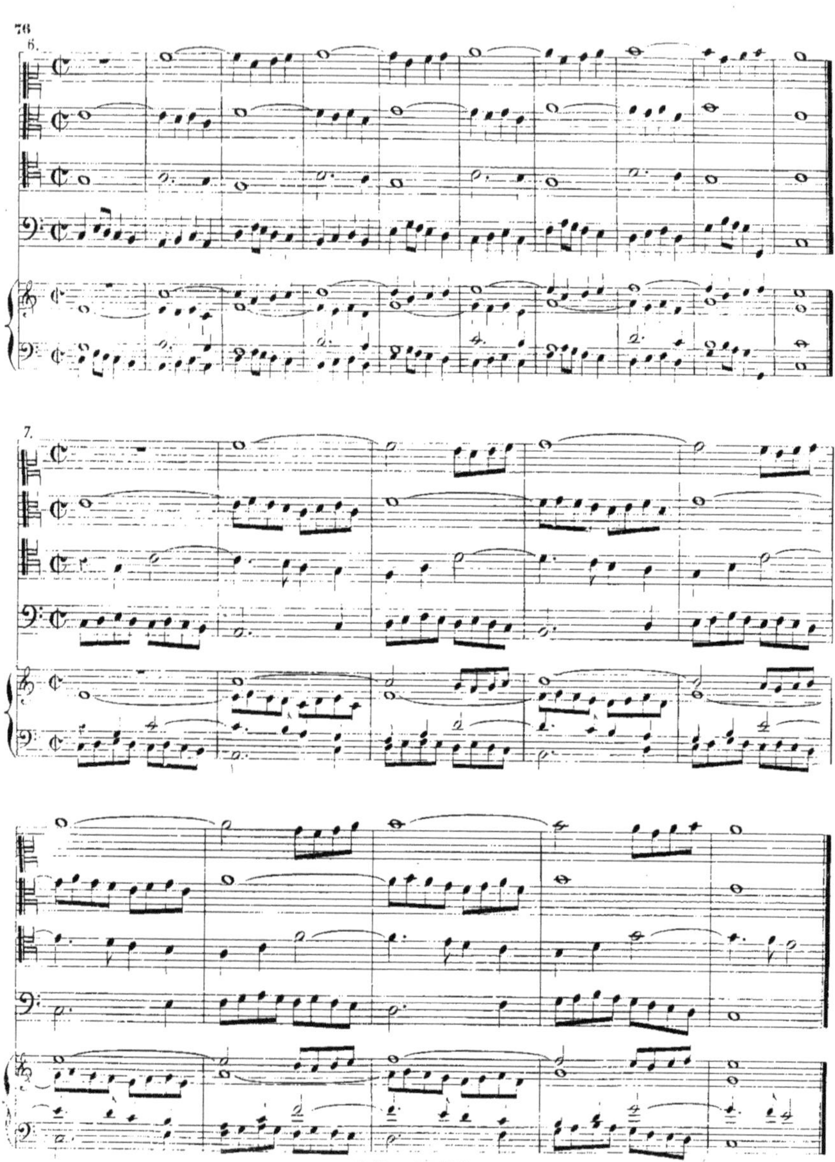
76
6.
7.
E. T. et Cie 1896.

L'exemple suivant démontre, qu'à la suite précédante on peut associer celle de neuvième.

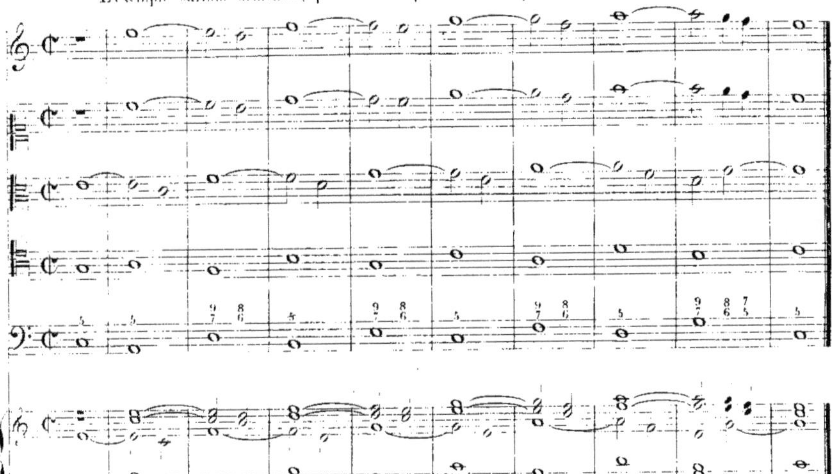

Variations.

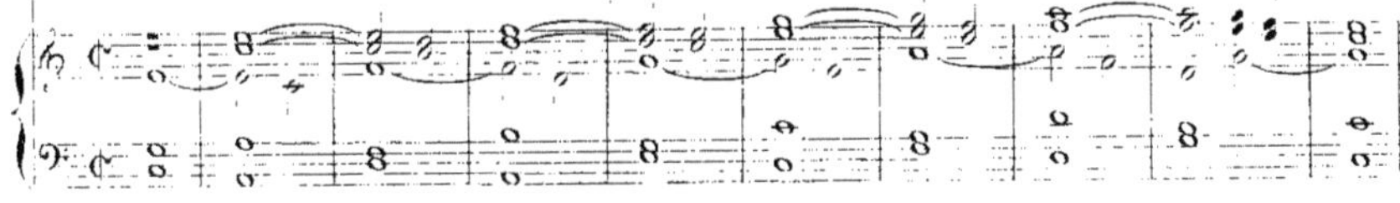

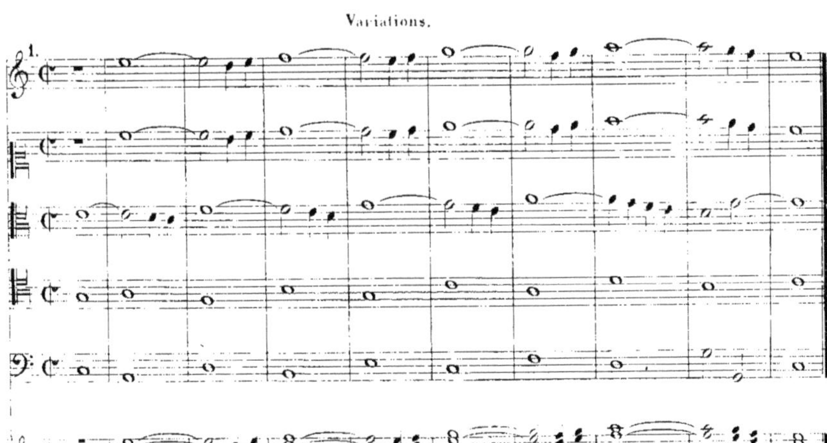

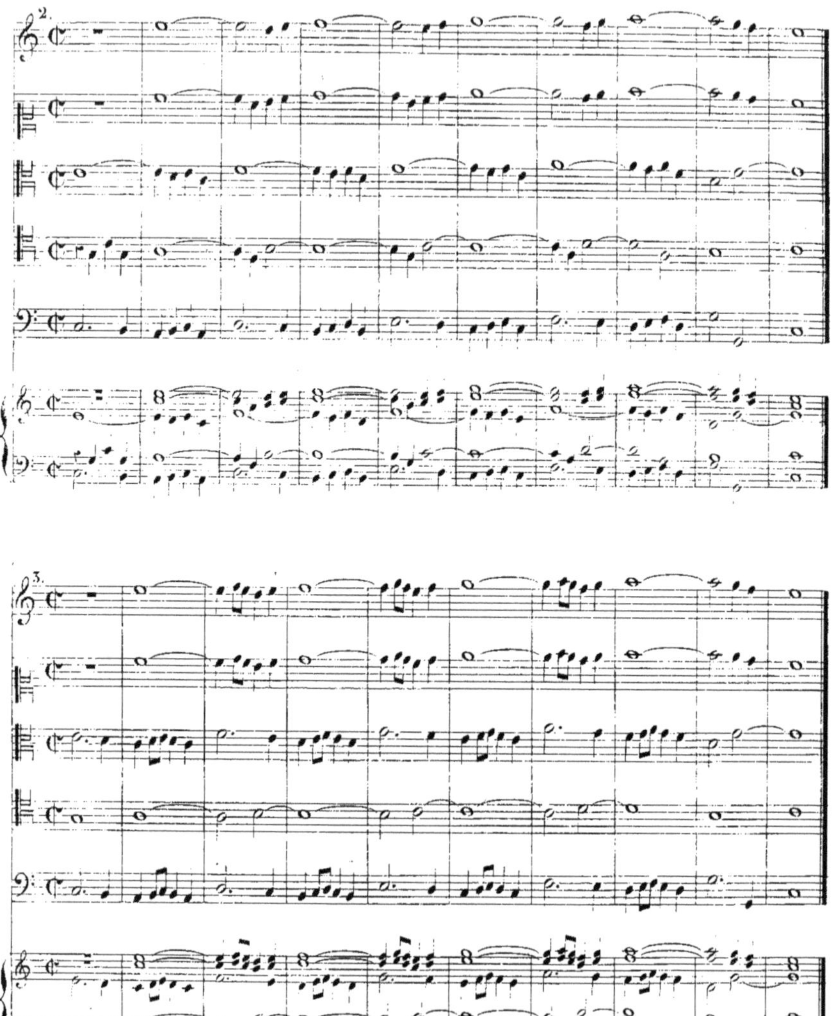

On pourra, assez facilement, trouver et combiner d'autres variations sur cette suite, en cherchant dans les suites précédentes celles de leurs variations qui conviennent le mieux au genre d'harmonie de la suite qui vient d'être étudiée.

E. T. et Cⁱᵉ 1996.

Suites produites par une harmonie simple, établie sur une série de sons montant de quarte et descendant de tierce.

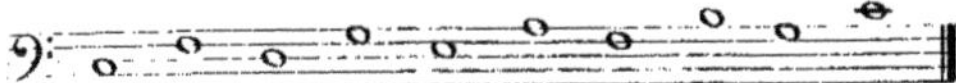

Harmonie simple, formant suite d'accords parfaits.

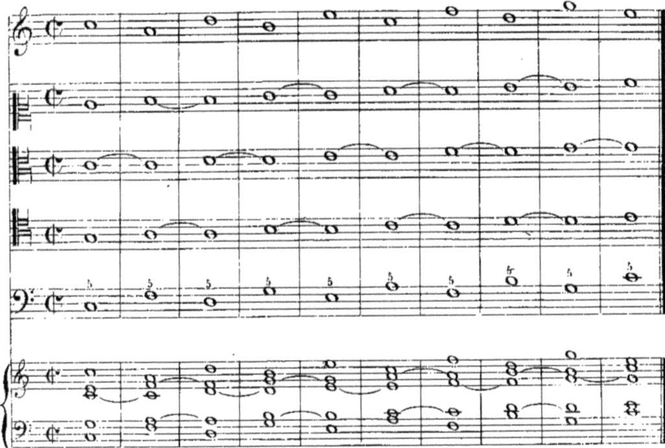

Variations.

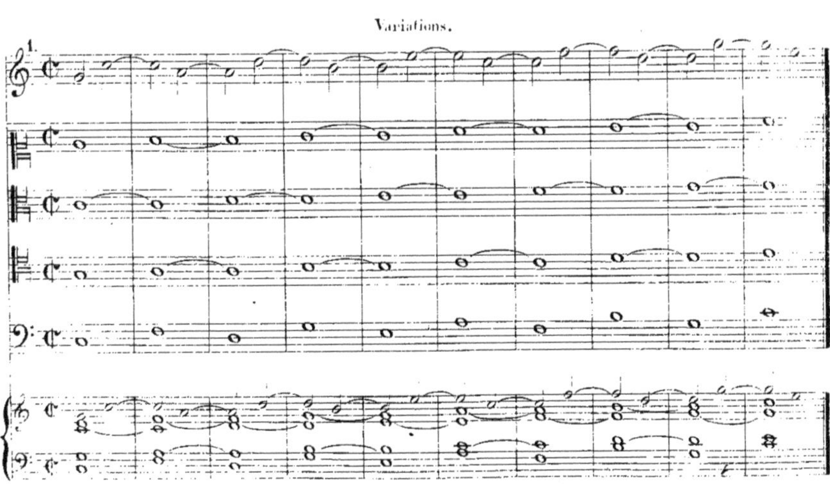

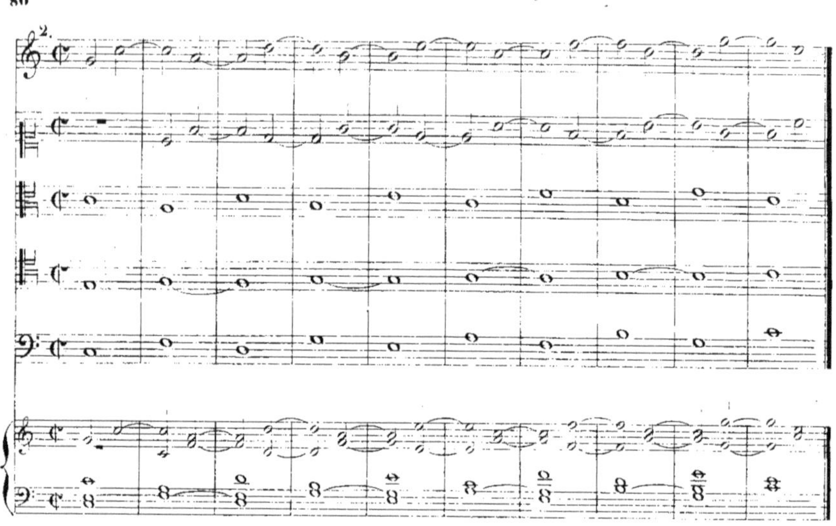

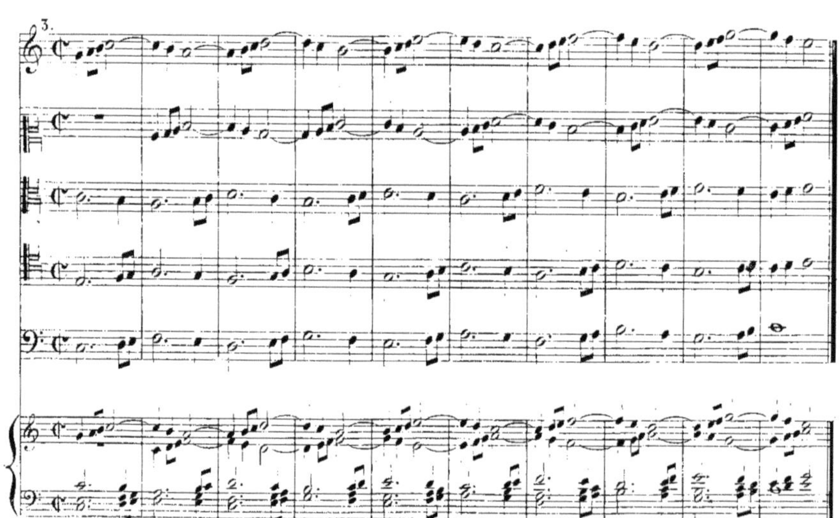

E. T. et Cⁱᵉ 1996.

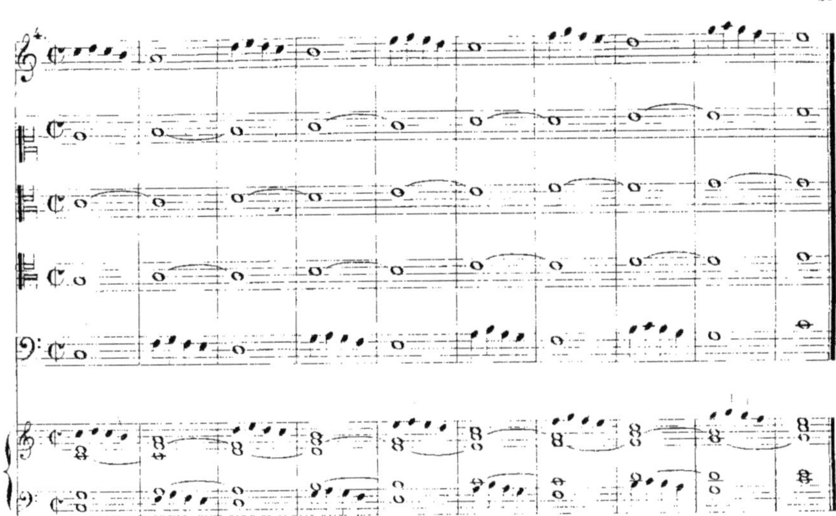

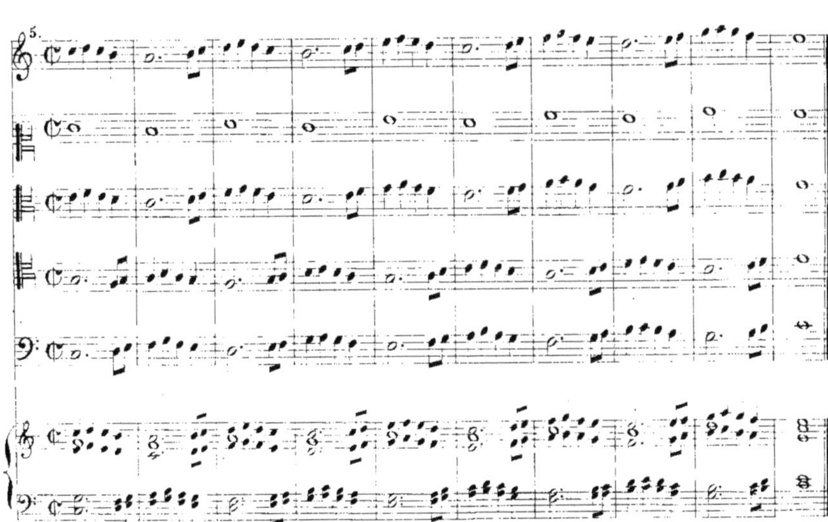

82   Au moyen des variations suivantes, toutes combinées sur cette même série, on peut, en les alternant, associer aux accords parfaits des suites de sixtes, de sixtes et quintes simultanées; de septièmes, soit passagères, soit préparées; de quartes et de neuvièmes &c:

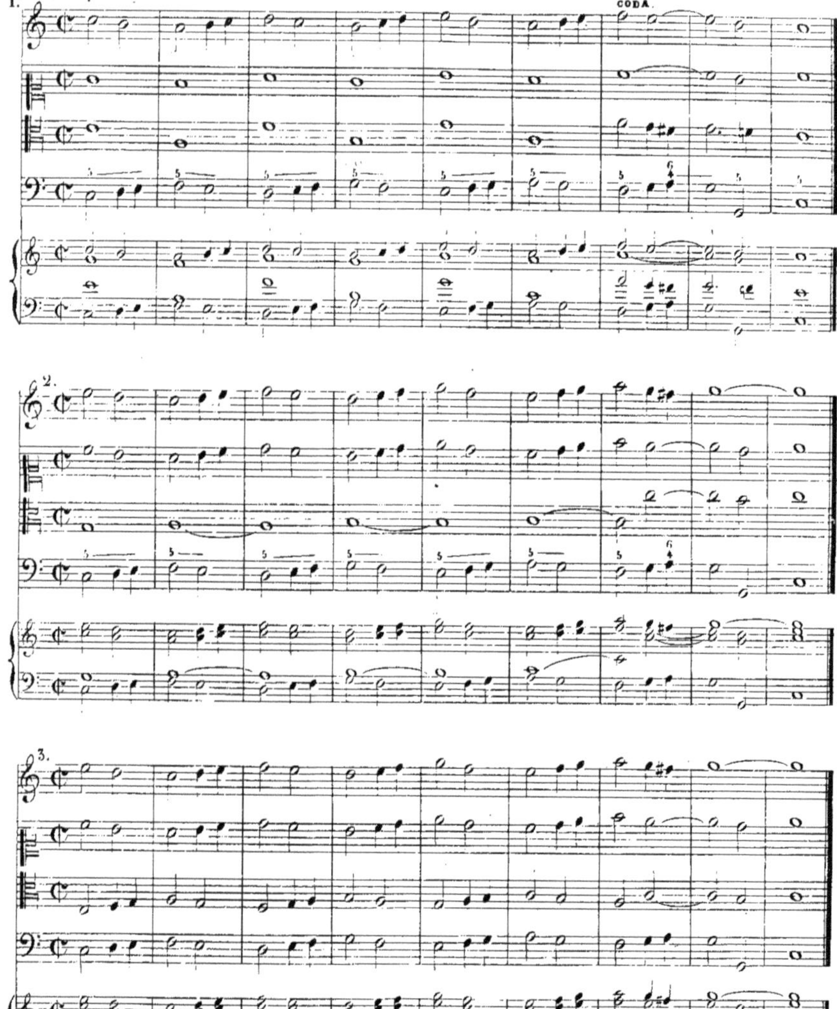

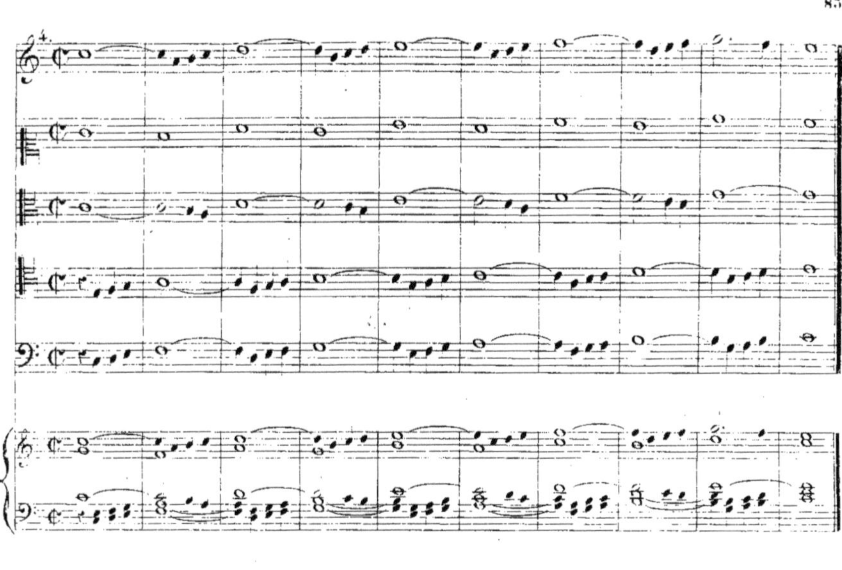

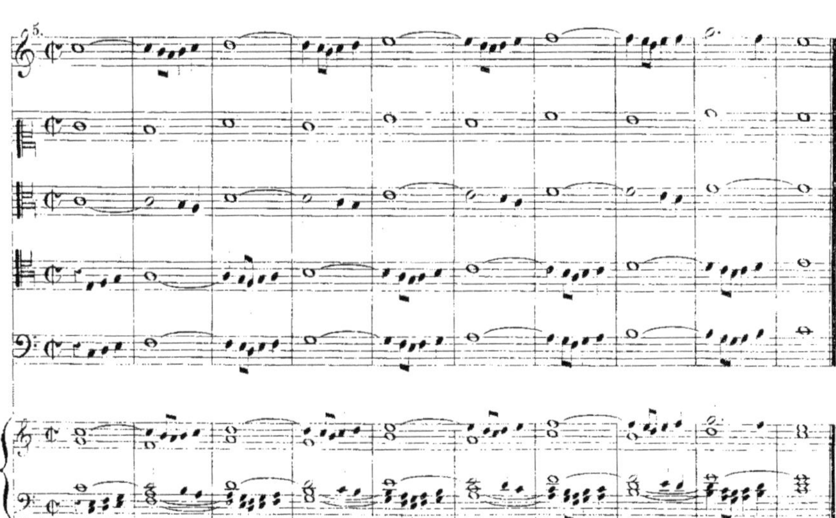

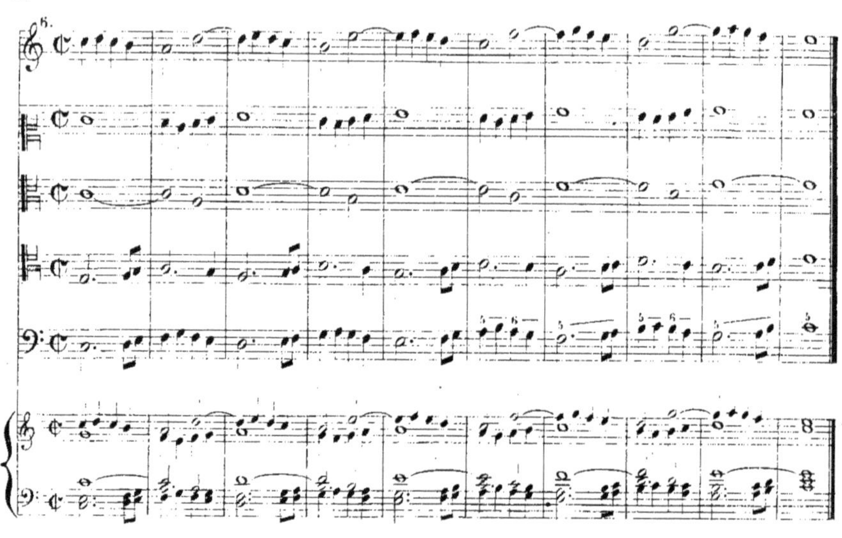

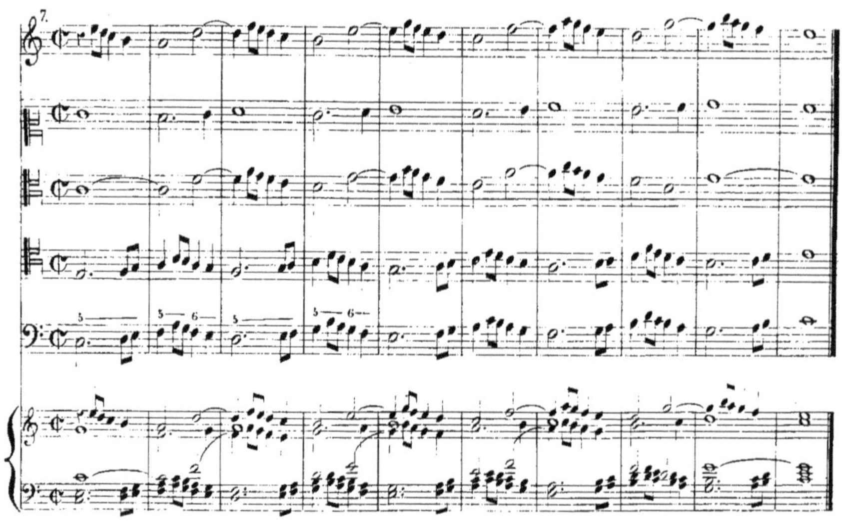

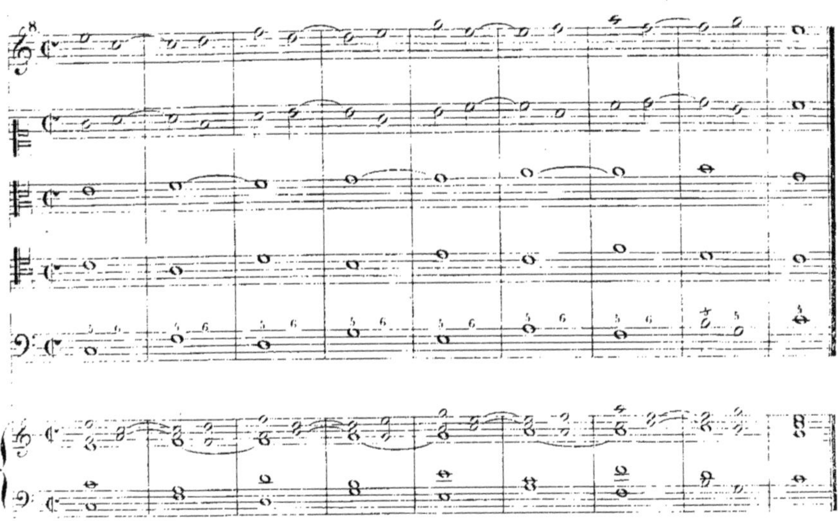

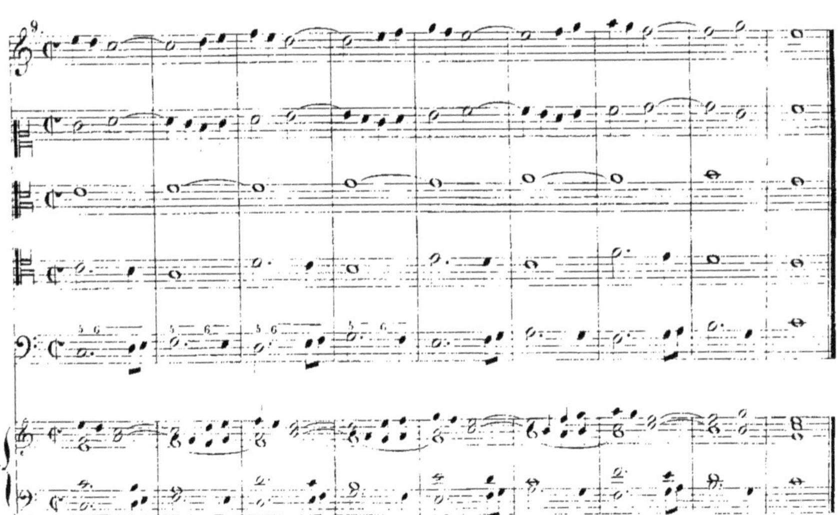

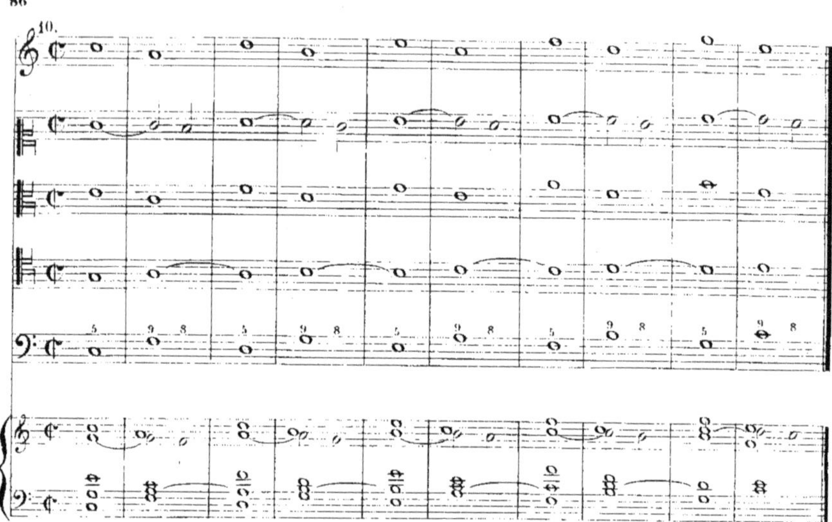

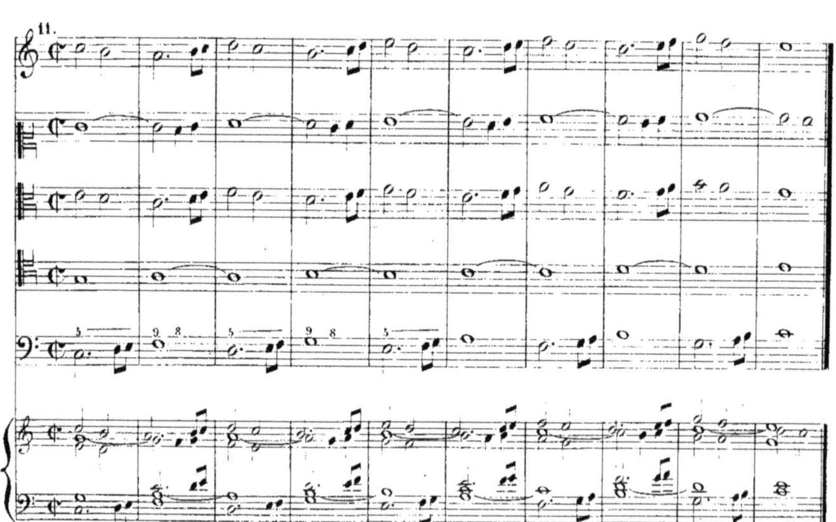

E. T. et C.ie 1996.

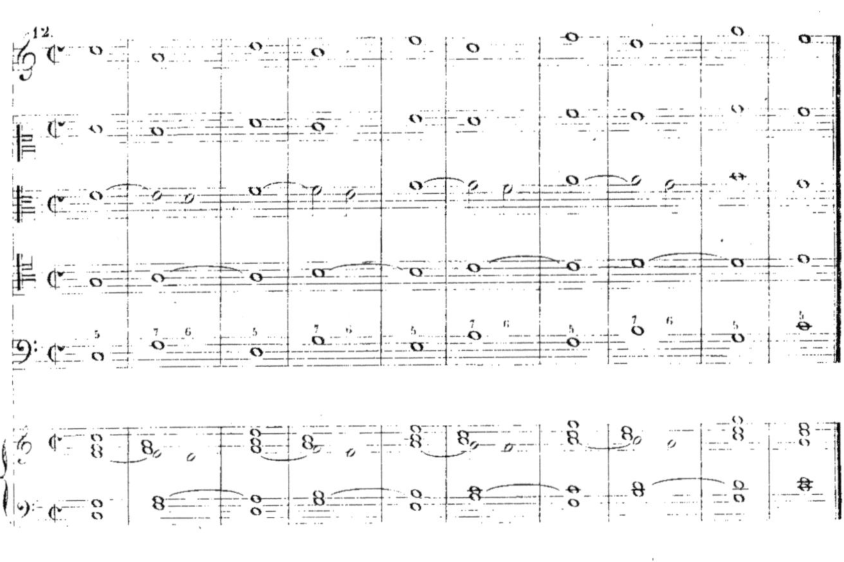
12.

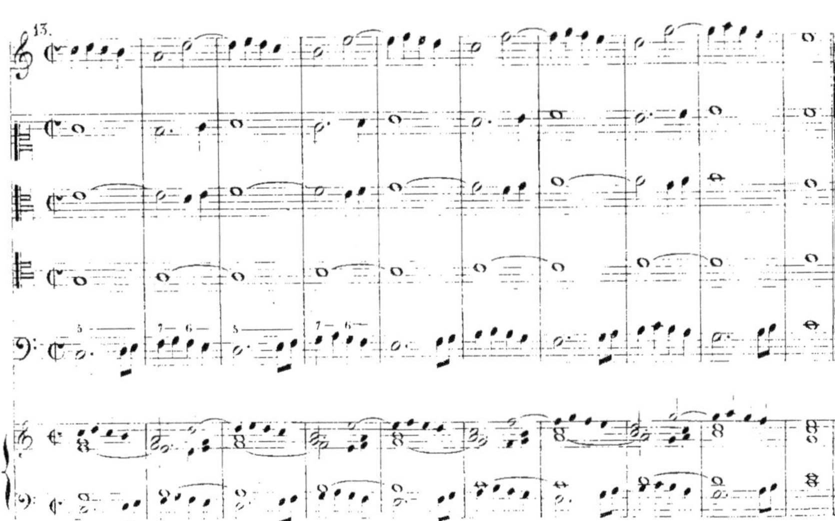
13.

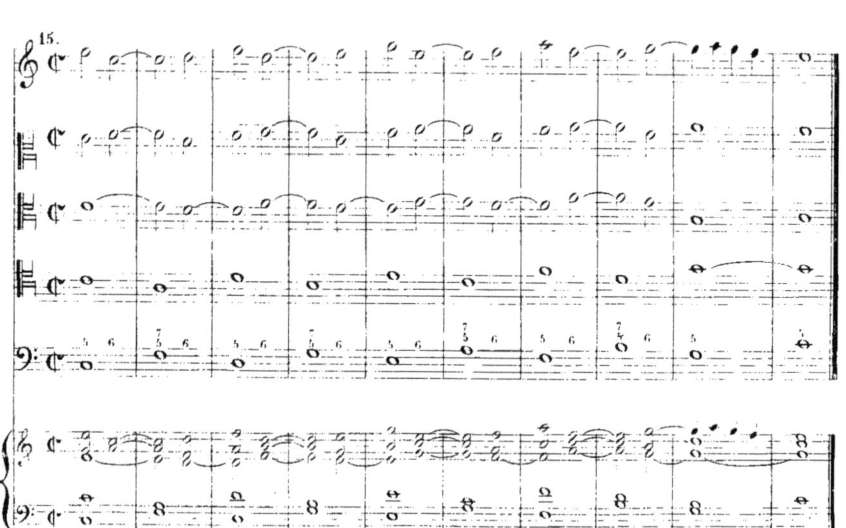

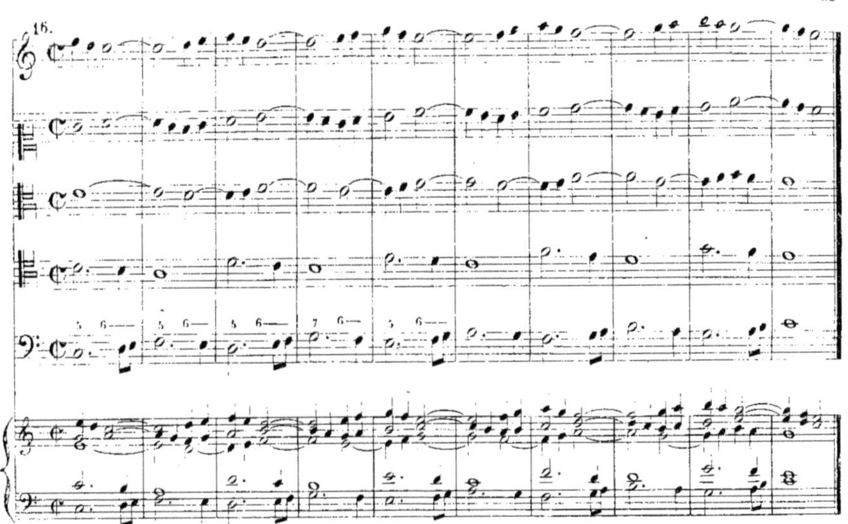
16.

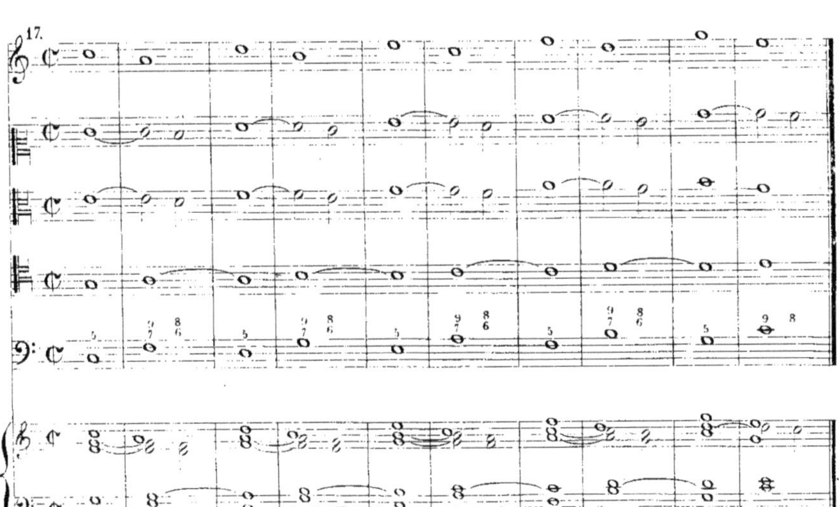
17.

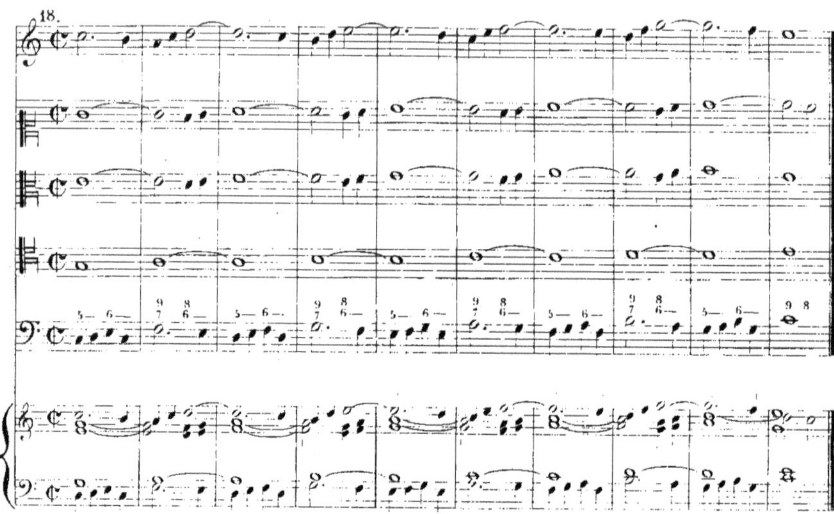

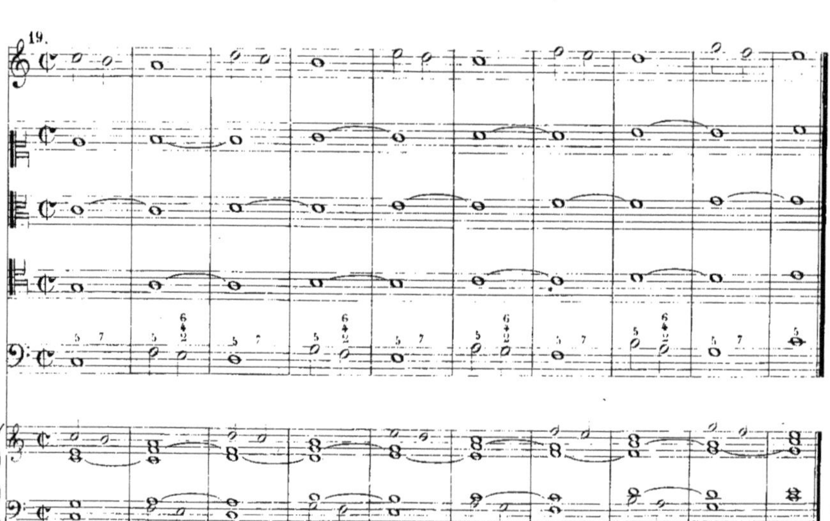

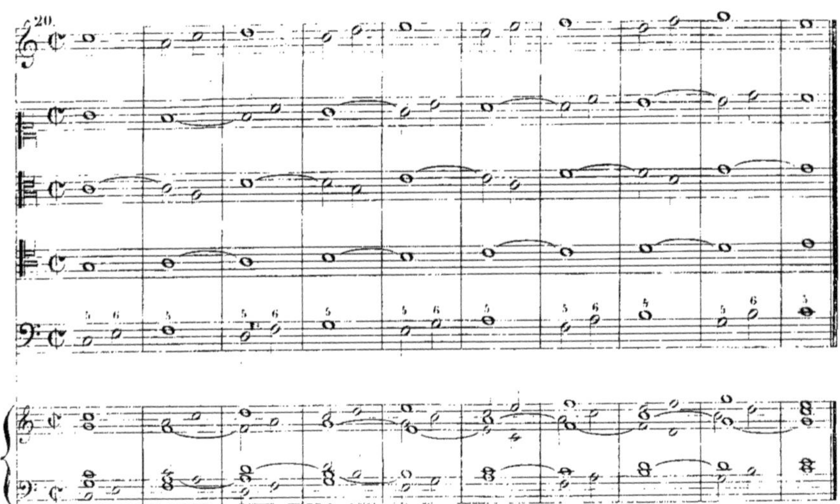

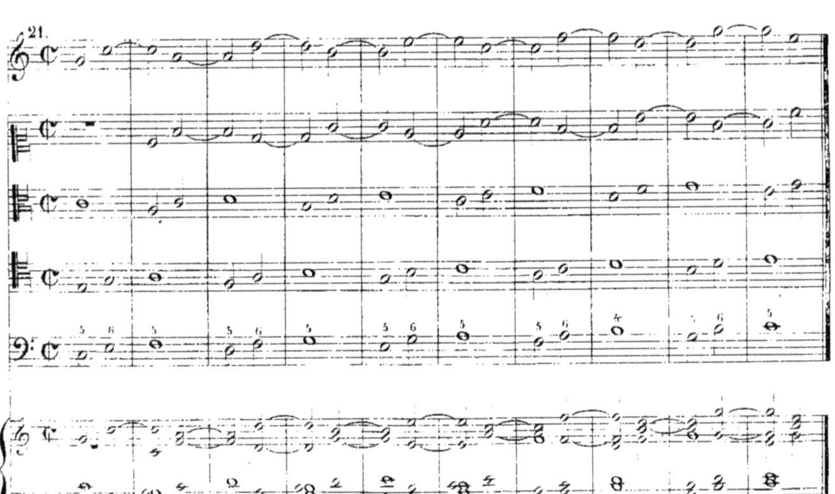

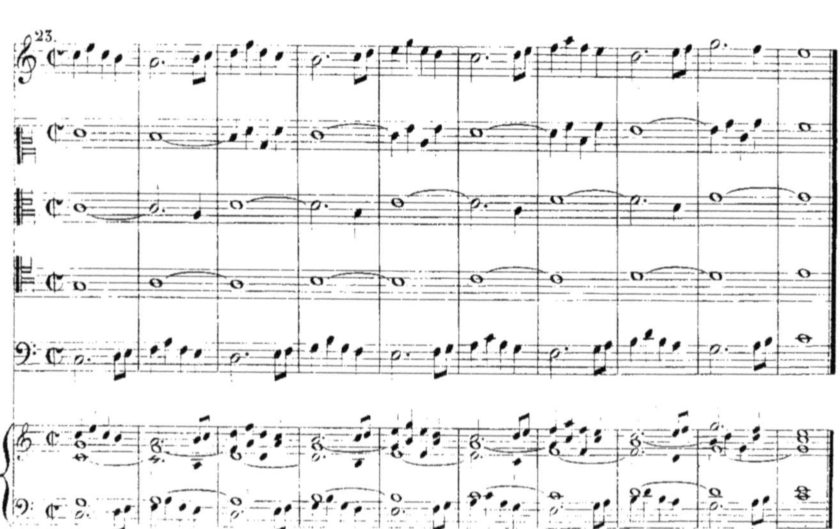

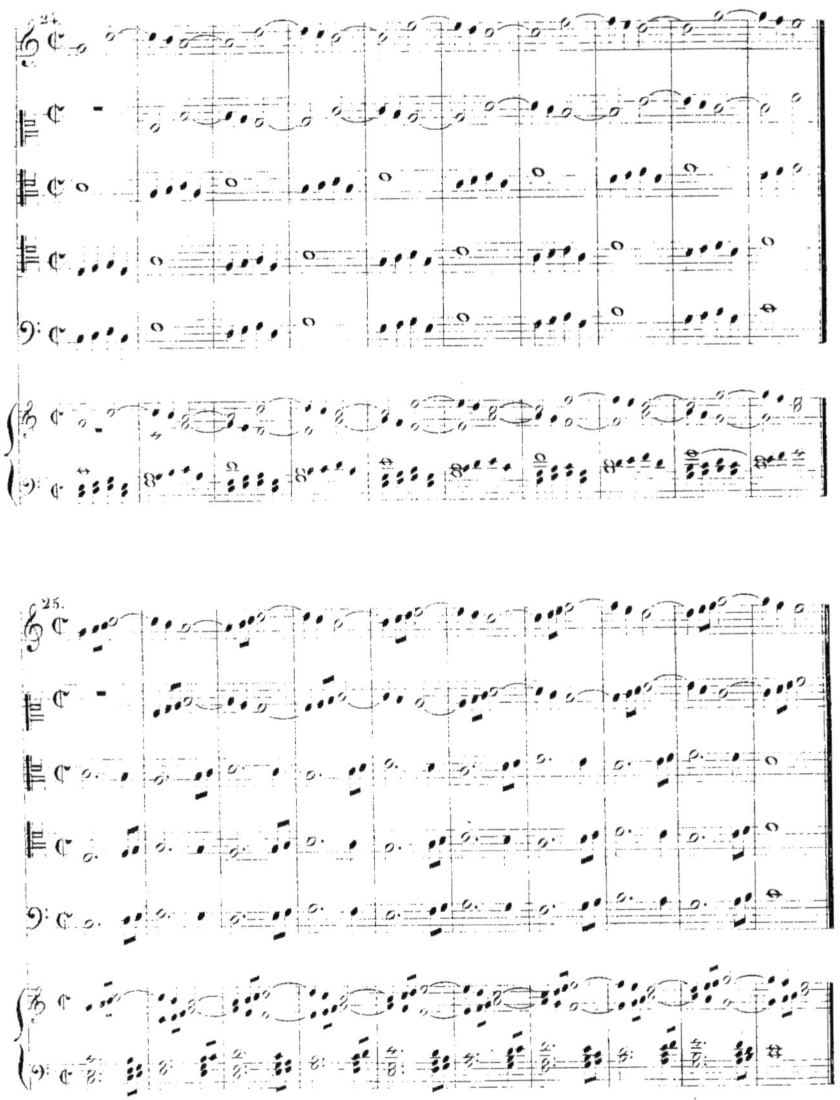

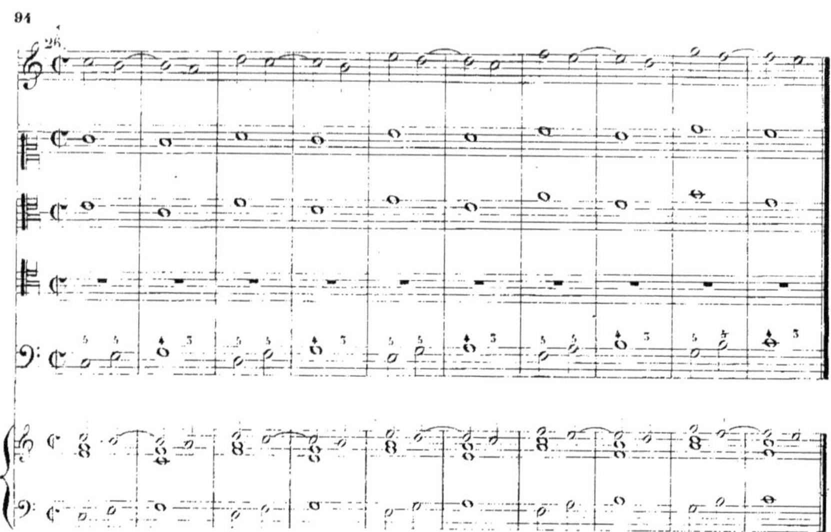

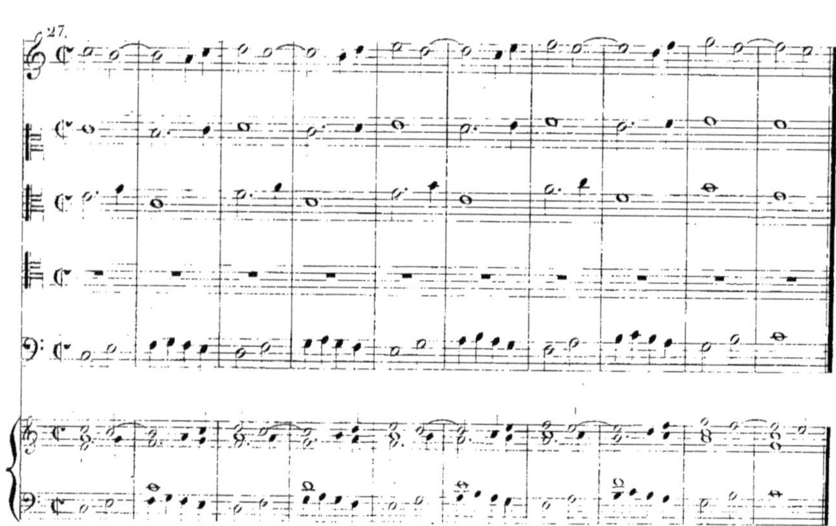

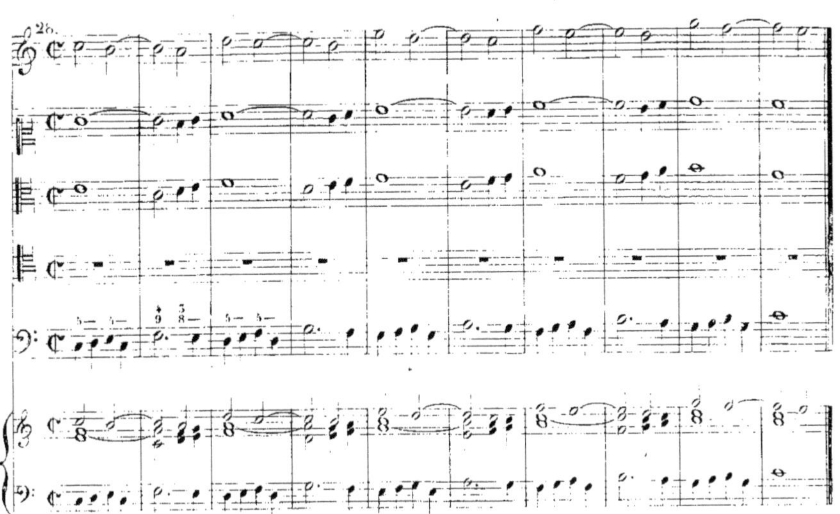

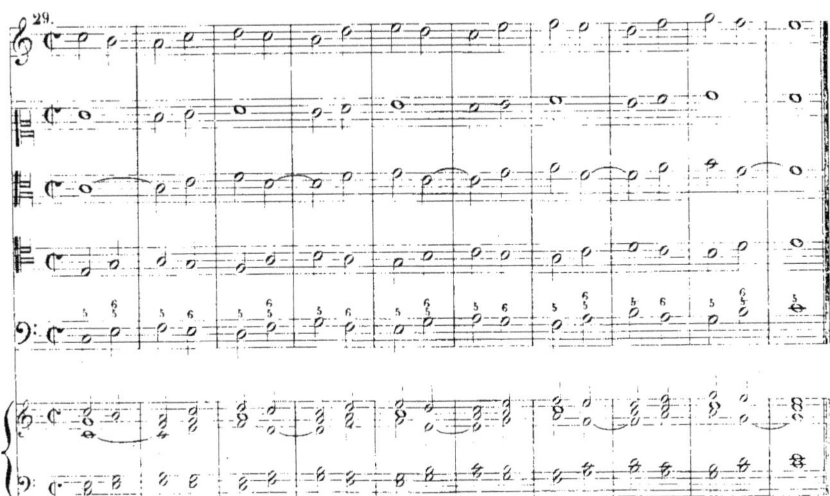

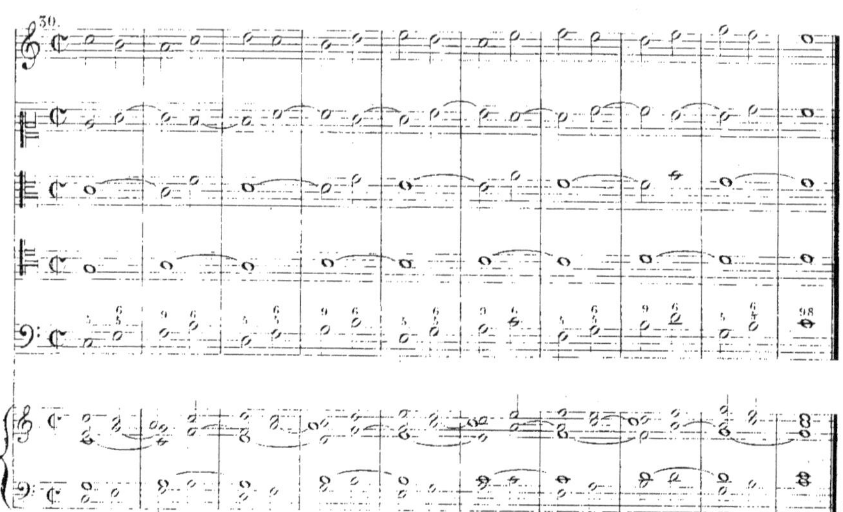

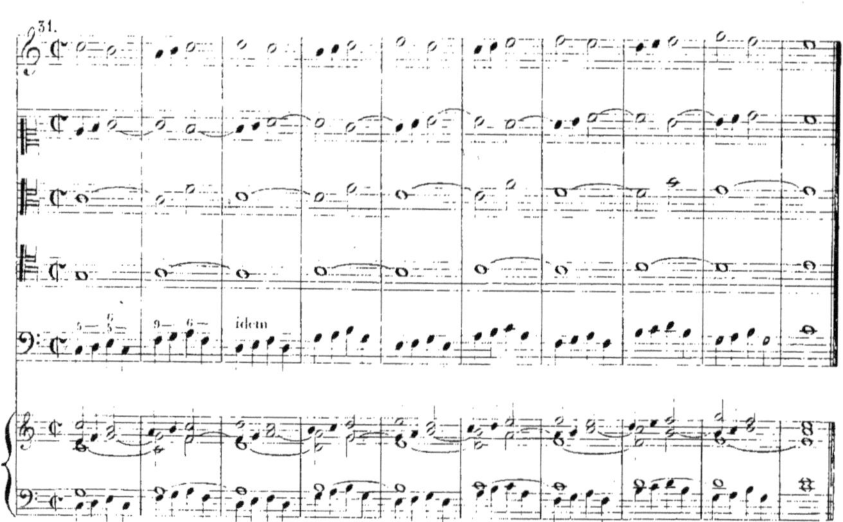

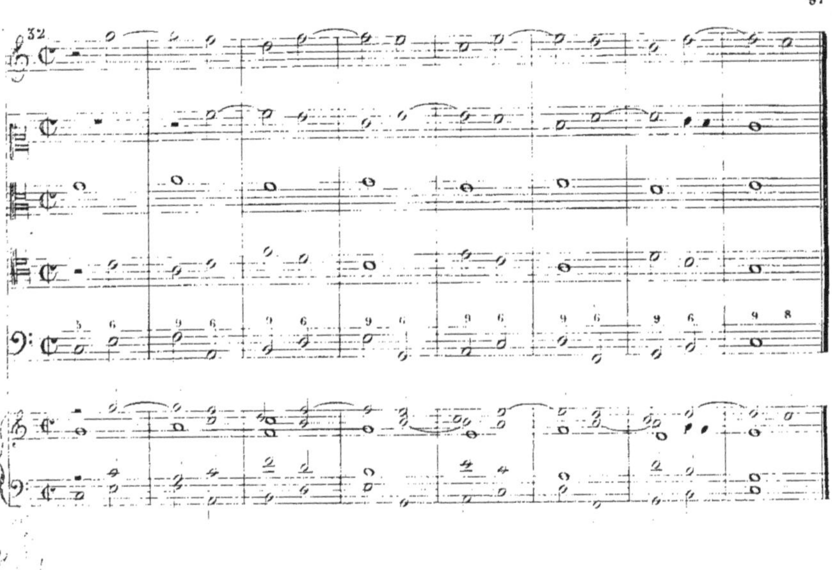

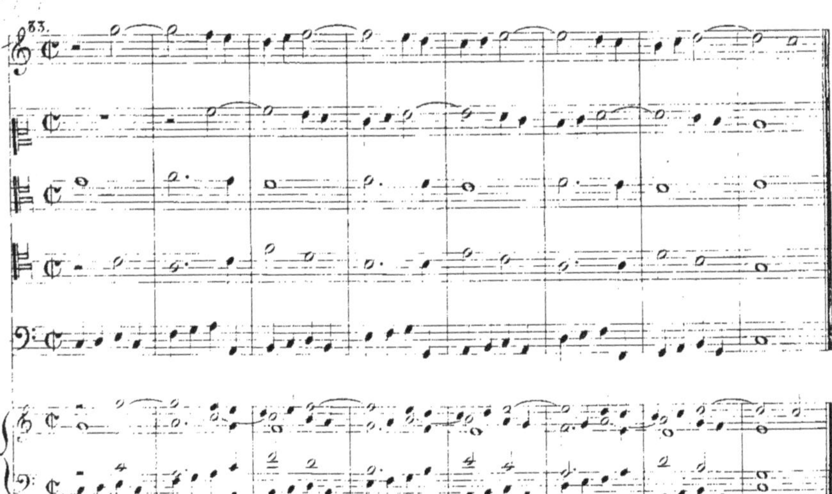

Les élèves pourront trouver d'autres variations sur ces suites, à la condition toutefois, qu'elles ne soient pas d'if-ficiles sous le rapport de l'exécution, et que leur forme mélodique ne gêne en rien la libre allure de l'harmonie radicale.

F. T. et C.ⁱᵉ 1996.

Suites produites par une harmonie simple,

établie sur une série de sons, descendant d'une seconde et montant d'une tierce.

Harmonie simple, produisant une suite d'accords parfaits et d'accords de sixtes, alternant entr'eux.

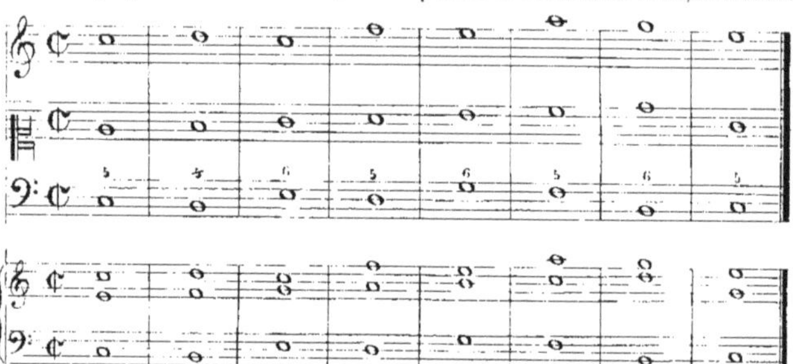

De cette suite résulte celle alternative de secondes et de septièmes.

Variations.

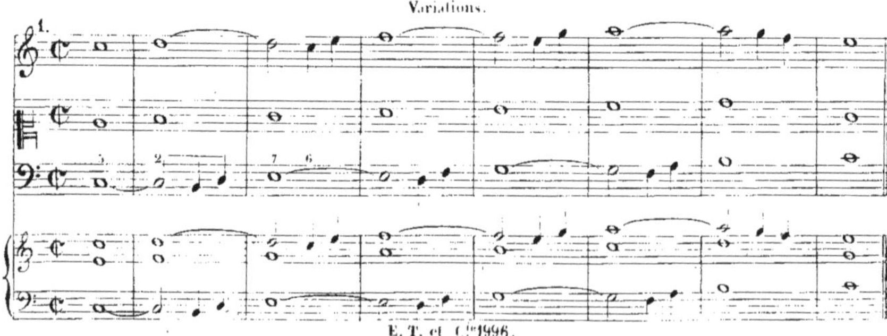

E. T. et Cie 1996.

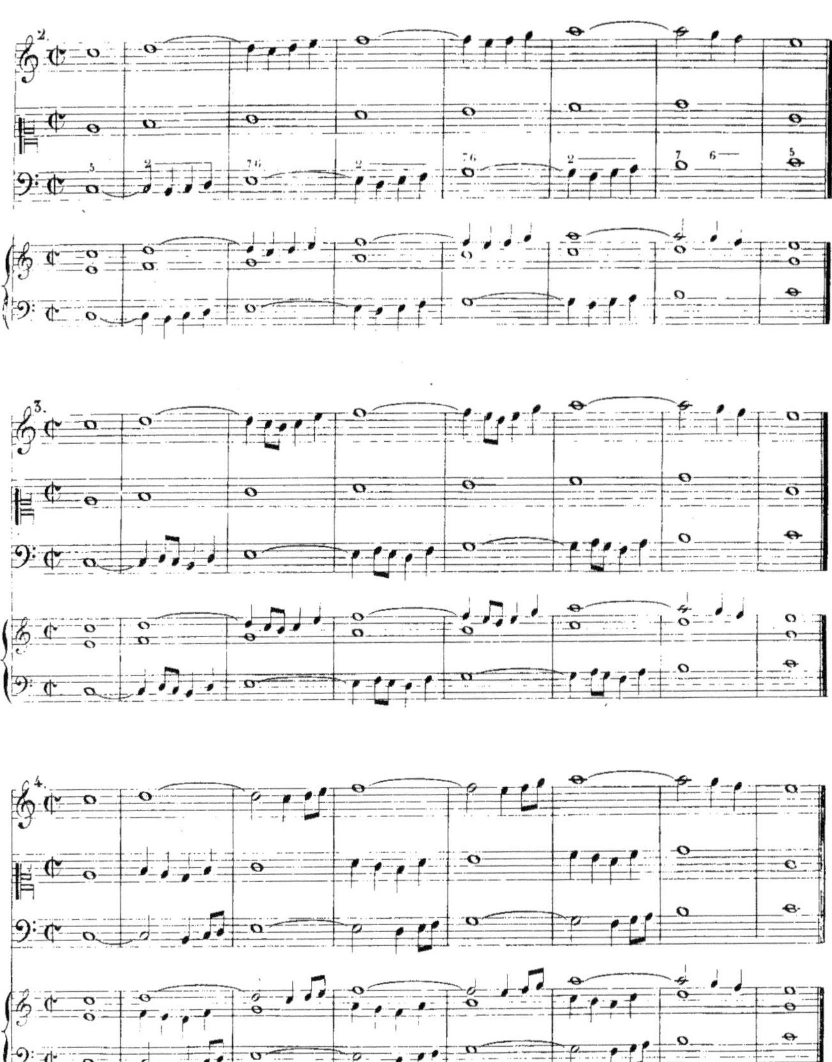

5.

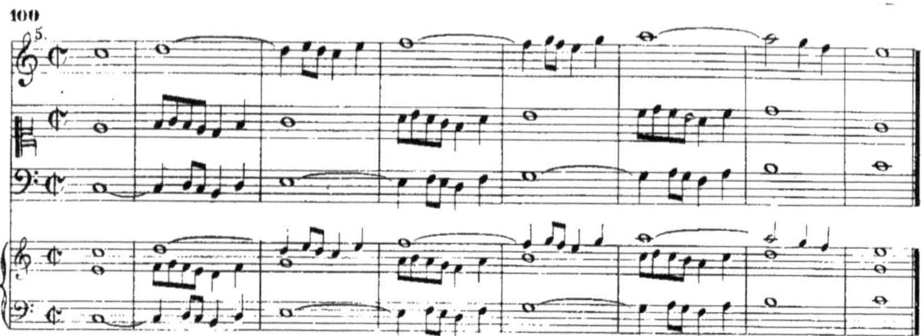

Harmonie simple sur la même série, produisant une suite d'accords de sixte.

Cette suite produit la suite alternative de septièmes et d'accords de sixte.

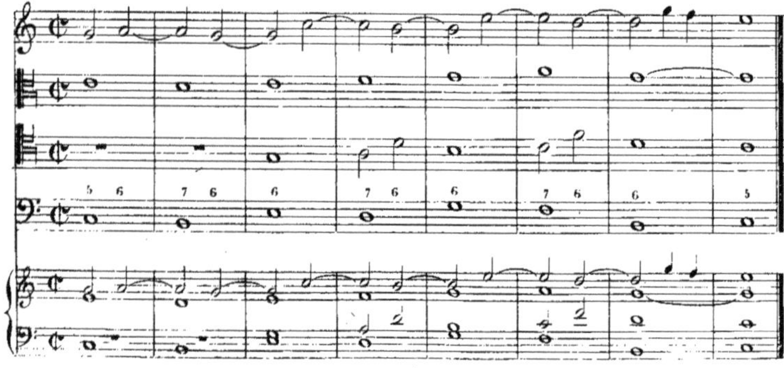

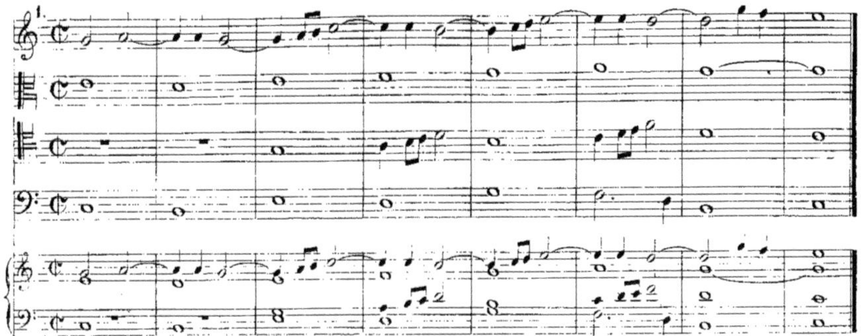

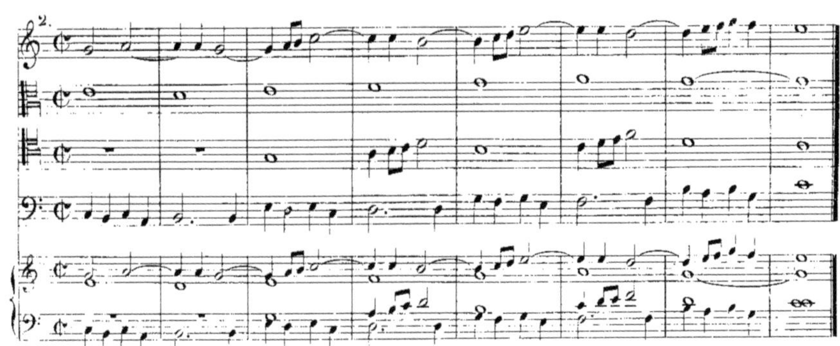

Suite de secondes, de septièmes et de quintes et sixtes successives, associées ensemble.

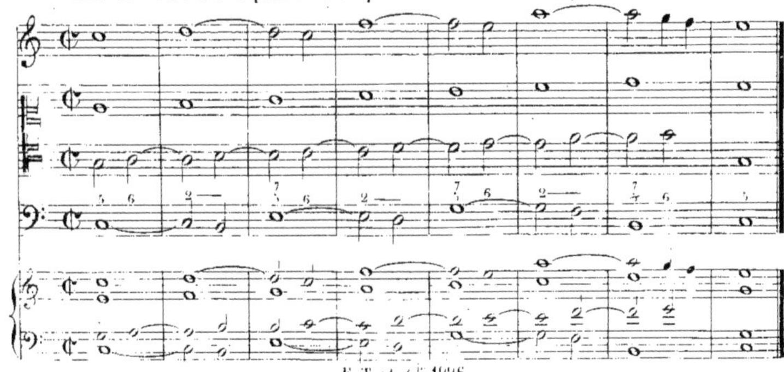

F. T. et Cᵉ 1946.

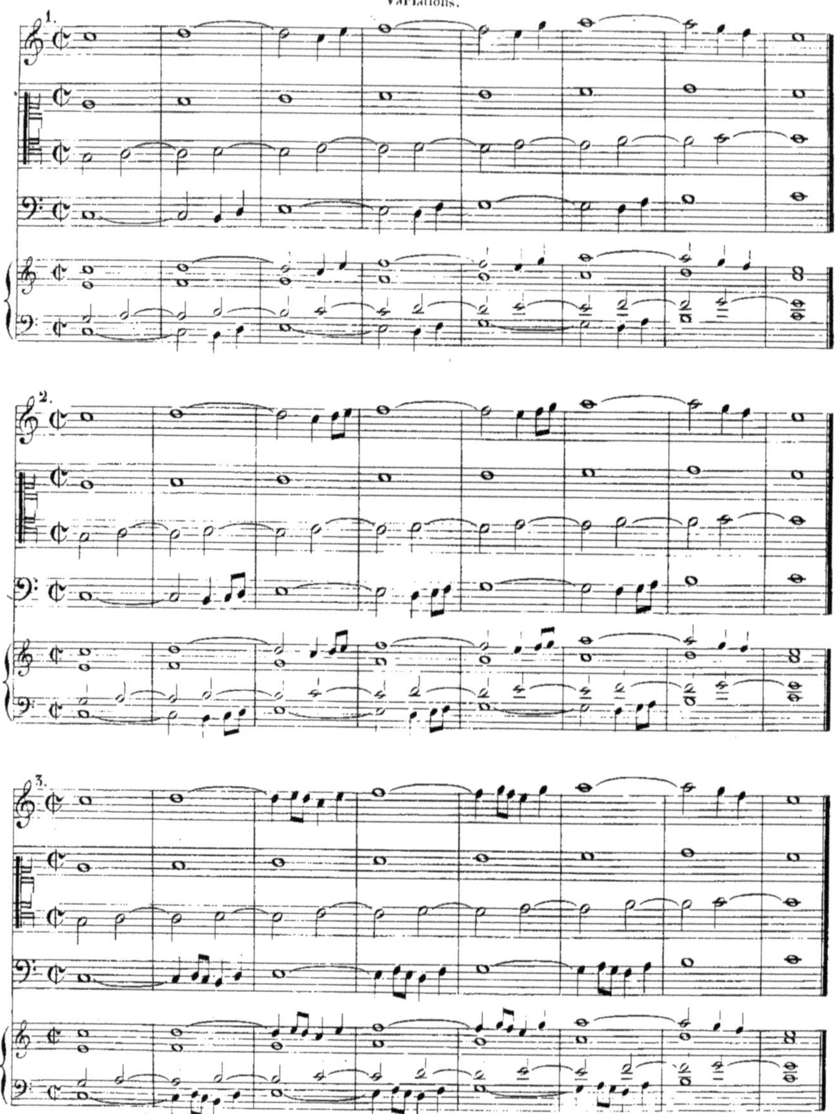

Variations.
1.
2.
3.

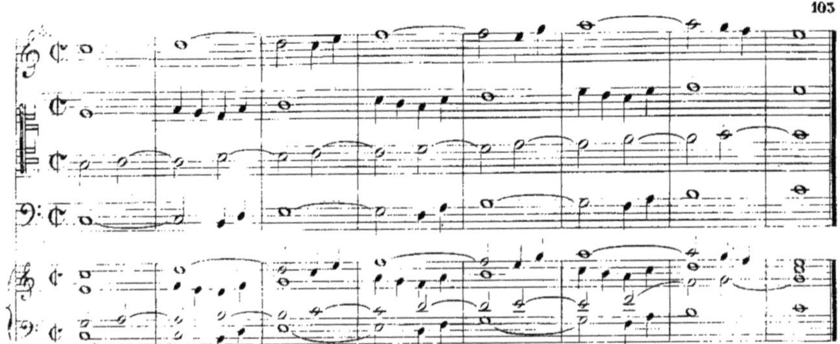

Suite sur la même série avec des septièmes dans chaque mesure.

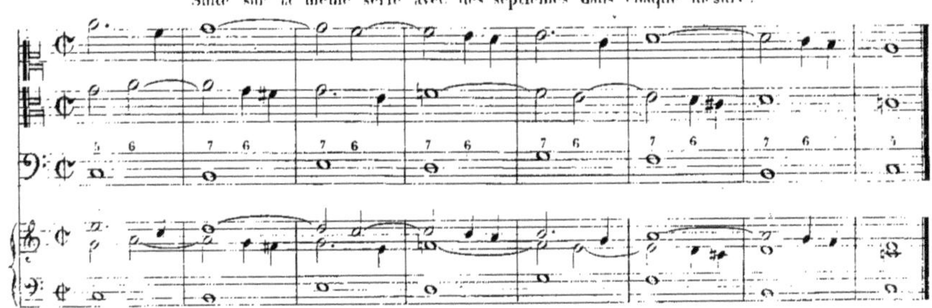

Suites produites par une harmonie simple, établie sur la série suivante:

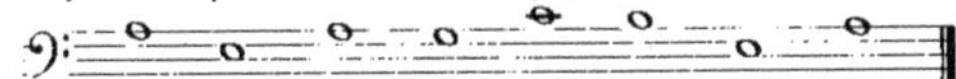

Harmonie simple formant suite d'accords parfaits.

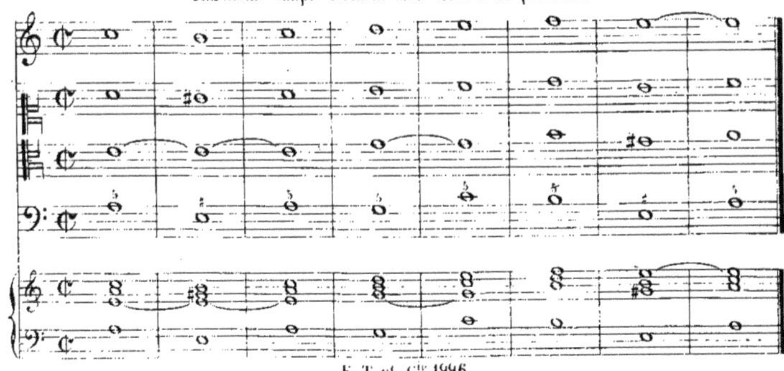

Ainsi que l'exemple suivant le démontrera, cette suite produit celle de quinte et quarte alternant avec les accords parfaits.

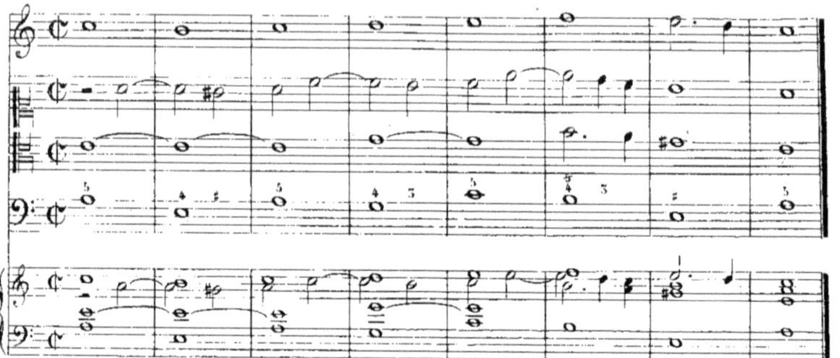

Association de la suite de quarte avec celle de neuvième.

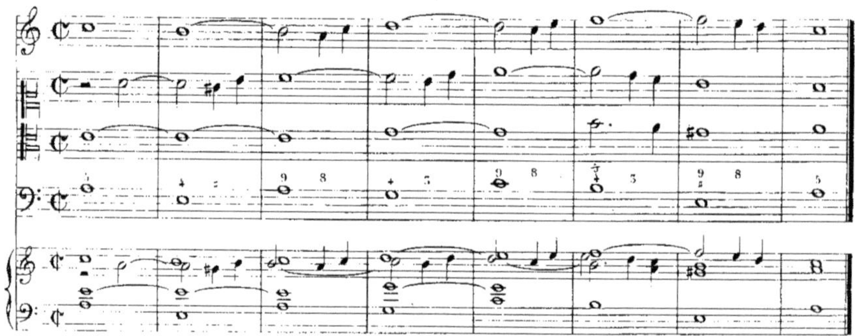

Association de la suite de quarte dans chaque mesure, avec la septième consonnante.

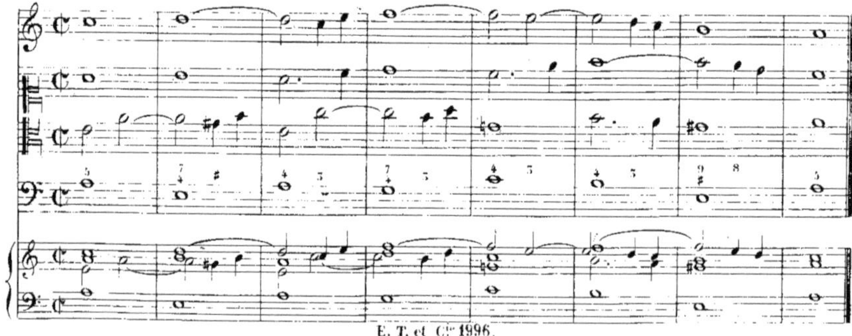

Suite de quartes, de neuvièmes et de septièmes consonnantes réunies.

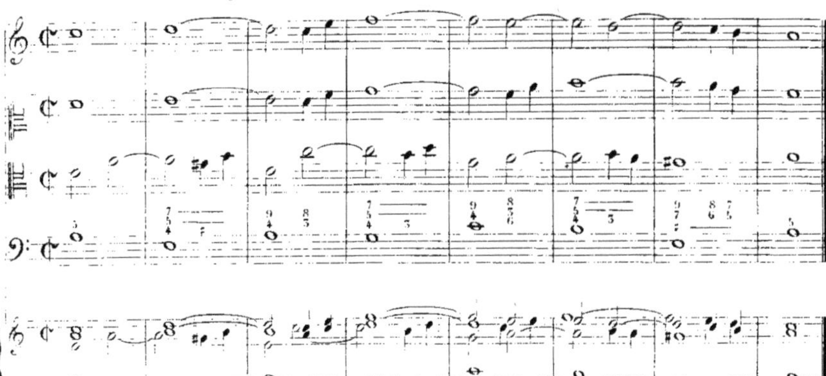

Exemple dans lequel des variations ont été pratiquées dans l'harmonie et dans les figures de notes des parties supérieures.

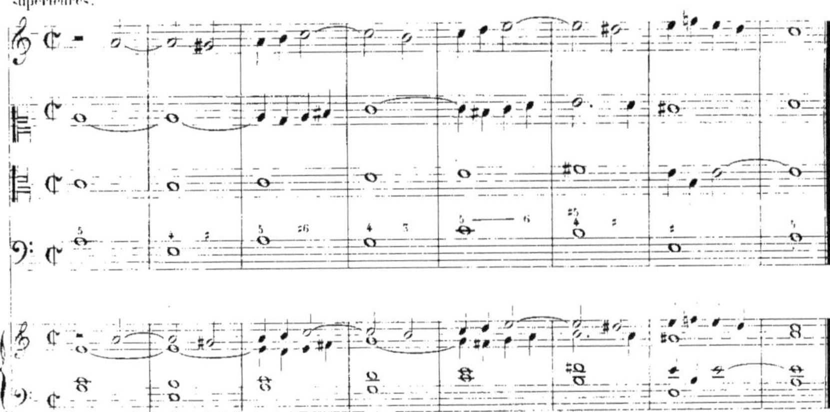

Suites produites par une harmonie simple, établie sur une série de sons descendant de quarte et montant de tierce.

Harmonie simple, formant une suite d'accords parfaits.

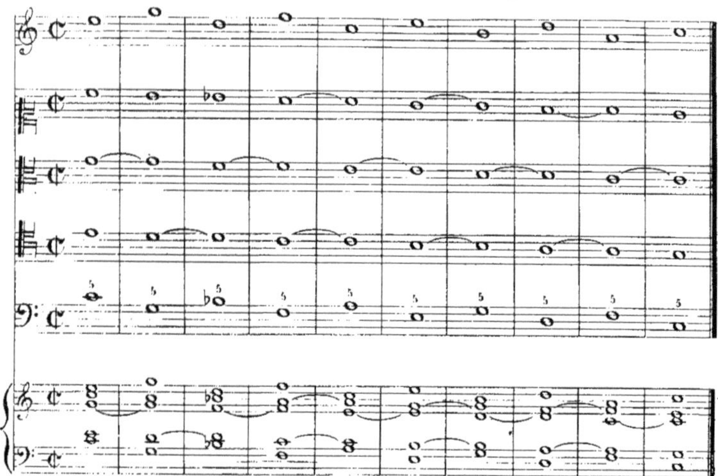

Même suite dans laquelle les figures de notes sont variées par une seule partie.

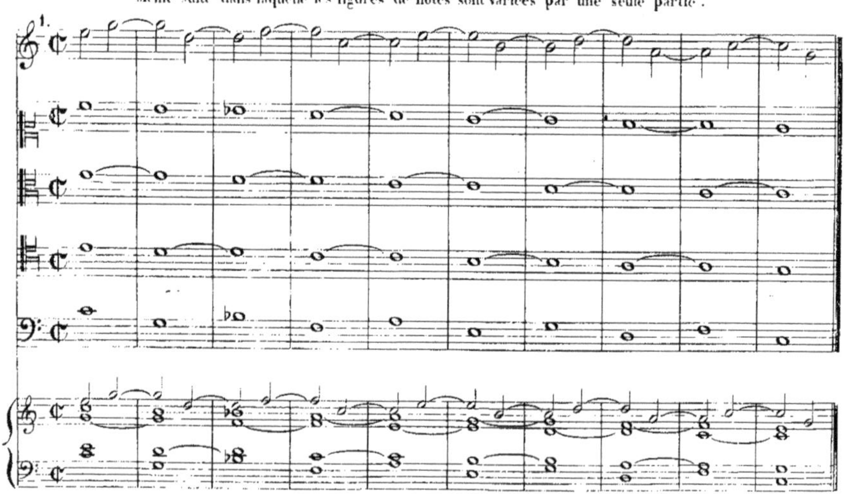

suite identique à la précédente dans laquelle on a introduit une suite de quartes passagères, quoique partout préparées à compter de la **2**ᵉ mesure de l'exemple.

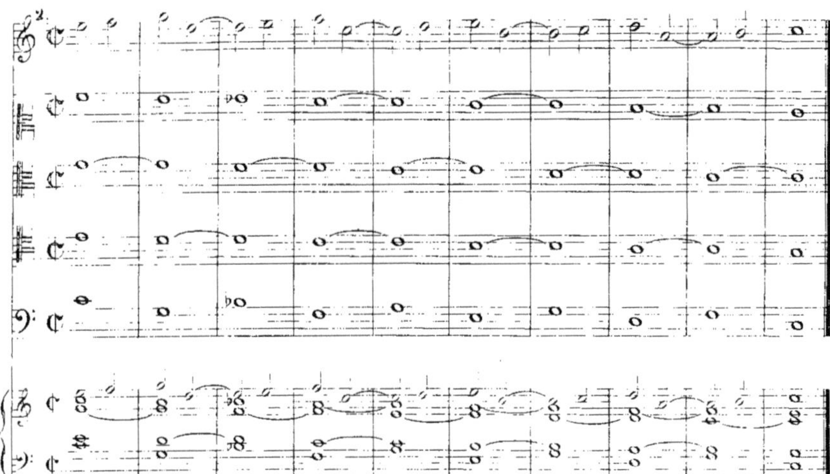

Variant les figures dans deux parties.

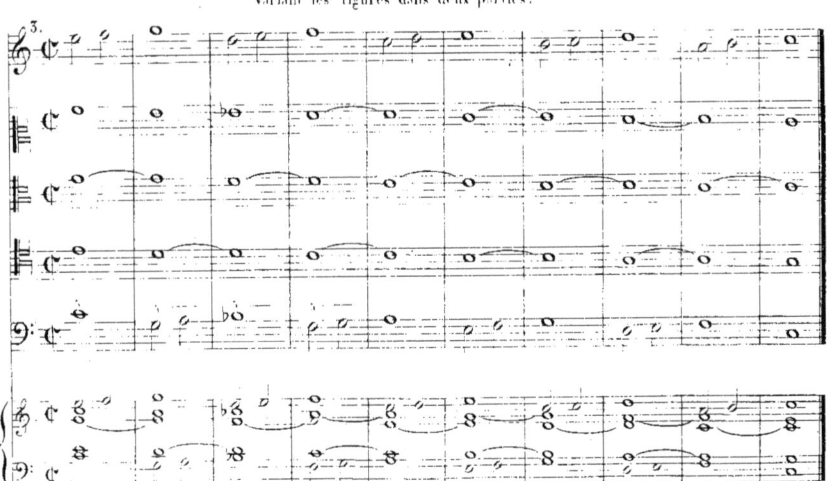

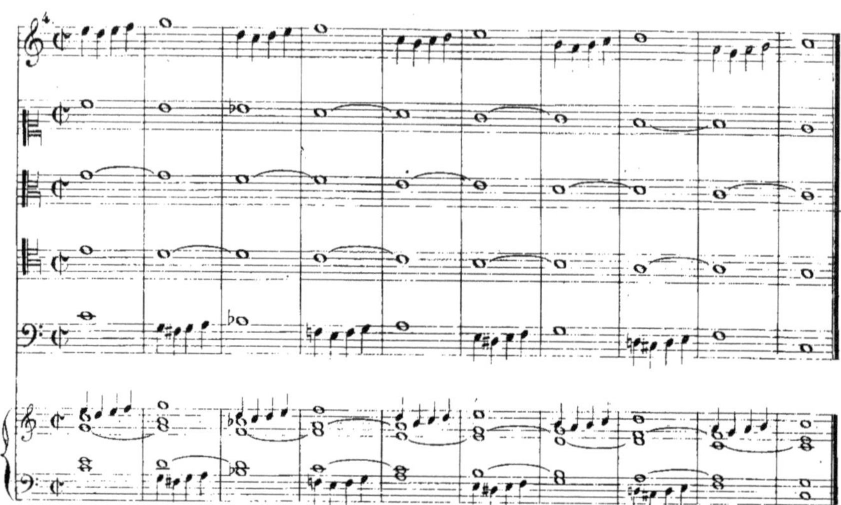

Variant les figures dans plusieurs parties.

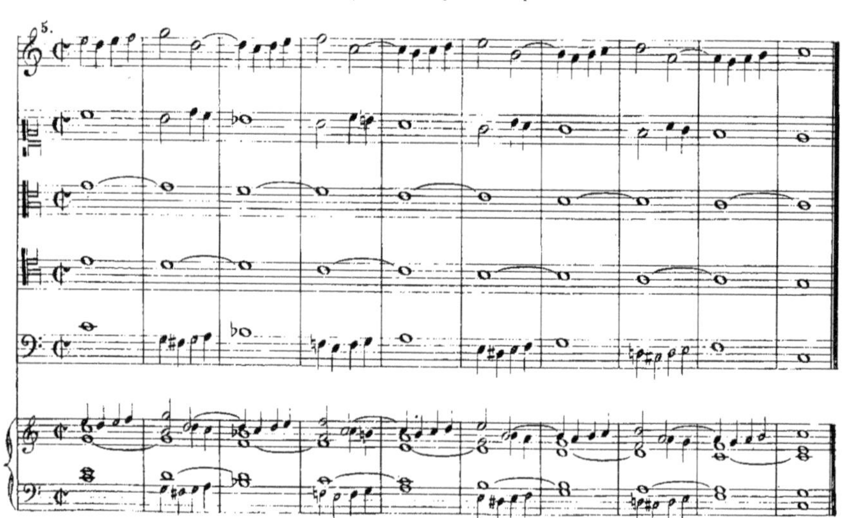

E. T. et Cie 1996.

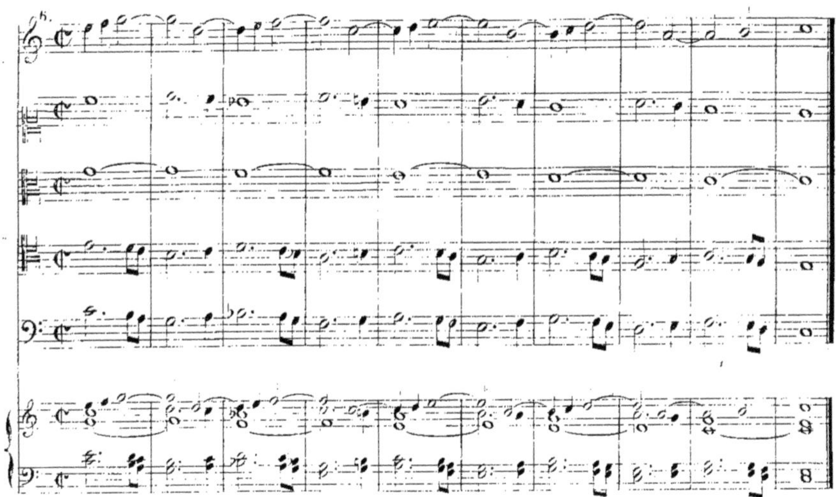

En modulant chromatiquement.

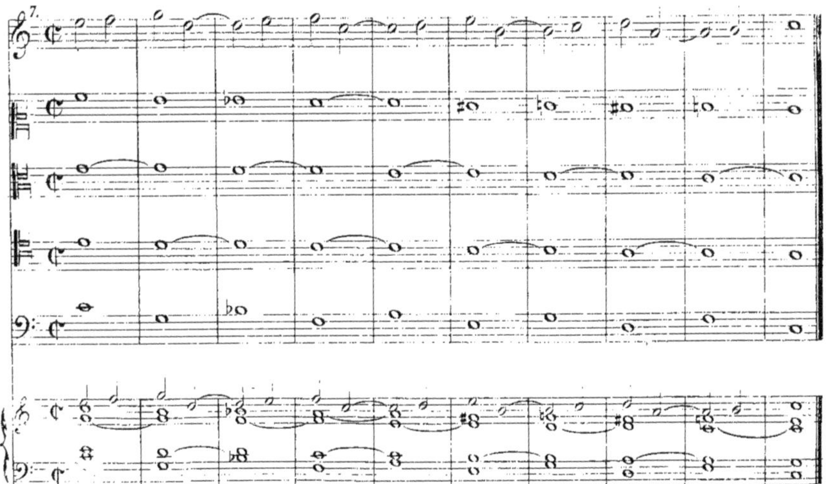

E. T. et Cie 1996.

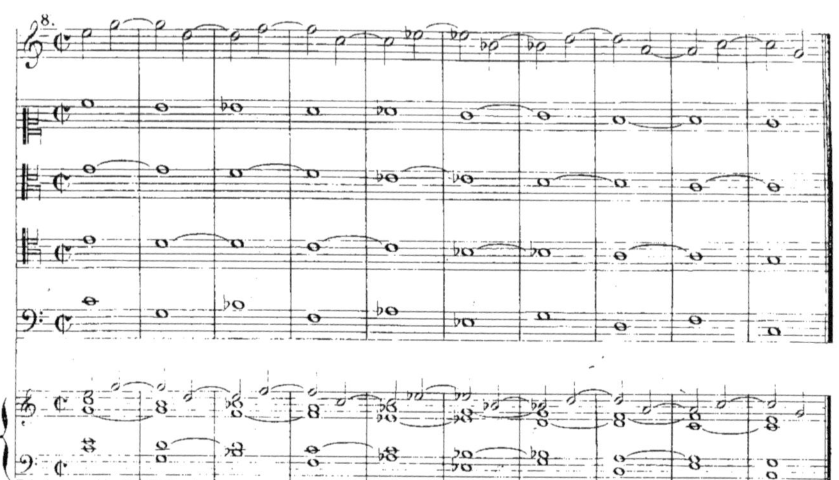

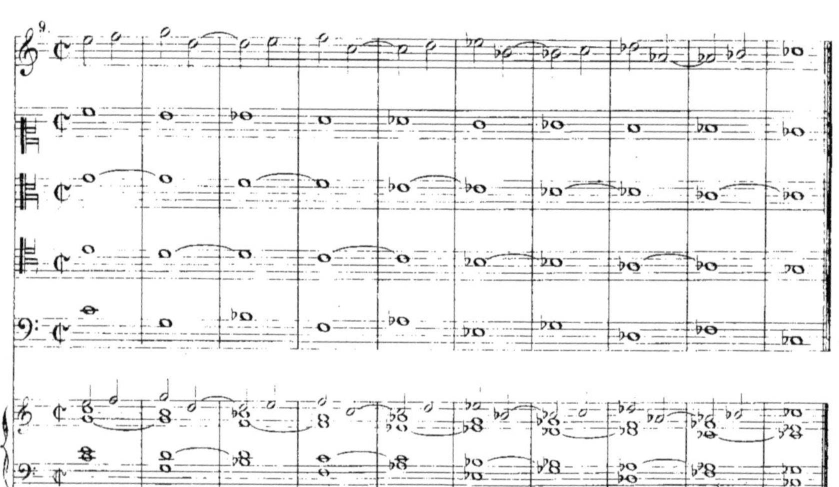

Nota. On peut appliquer aux N.ᵒˢ 7, 8 et 9 les variations qui ont été pratiquées aux N.ᵒˢ 3, 4, 5 et 6. De nouvelles variations sur ces suites ne pourraient être bien appliquées qu'en compulsant et en faisant un choix parmi toutes celles données dès le premier exemple de ce recueil.

E. T. et C.ⁱᵉ 1996.

Même harmonie, produisant une suite de quartes alternatives.

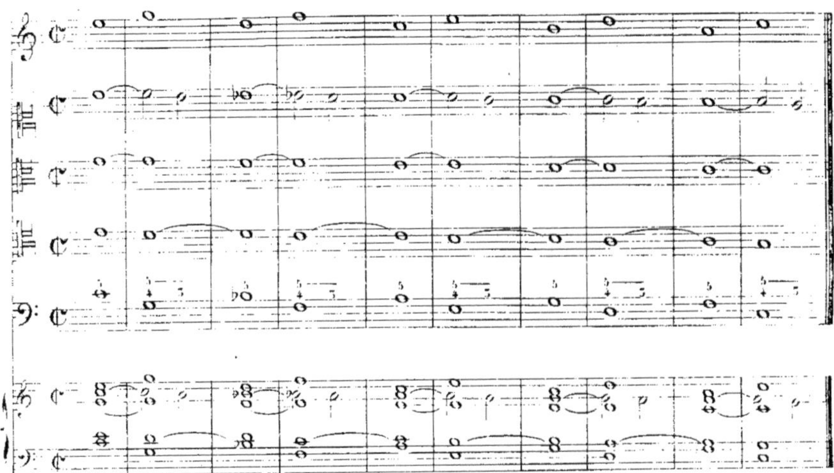

Variations.

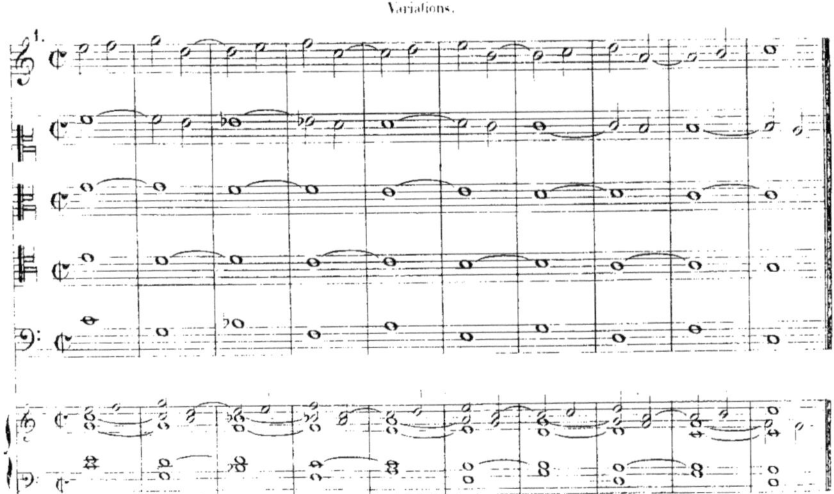

1.

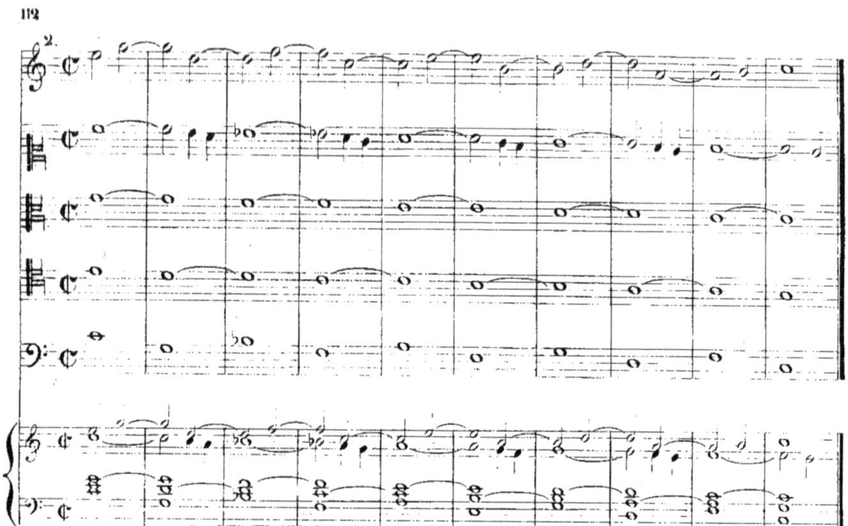

Harmonie identique, donnant une suite de sixtes et quartes également alternatives.

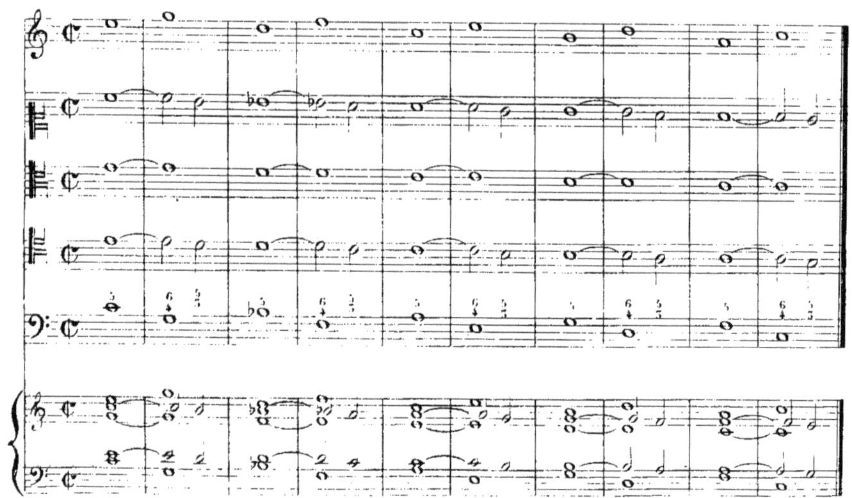

Variations.

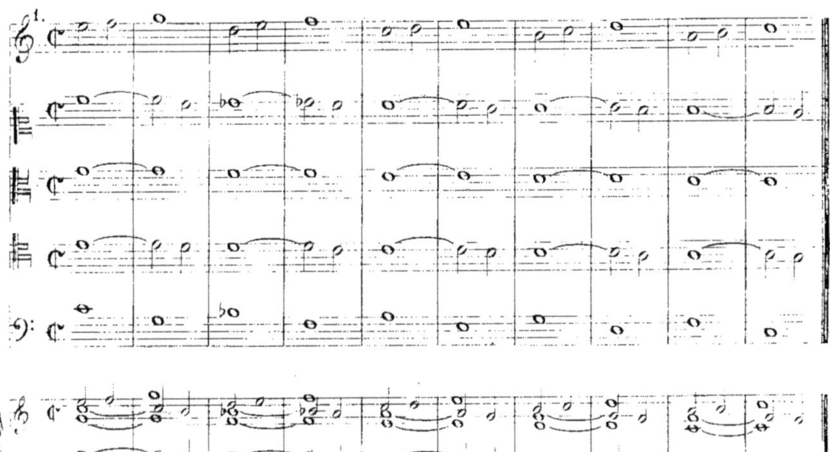

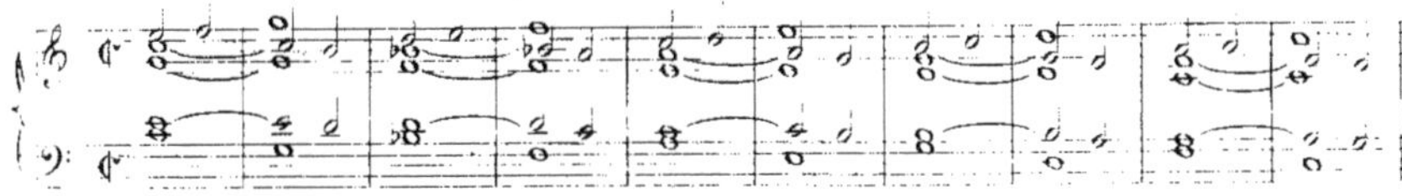

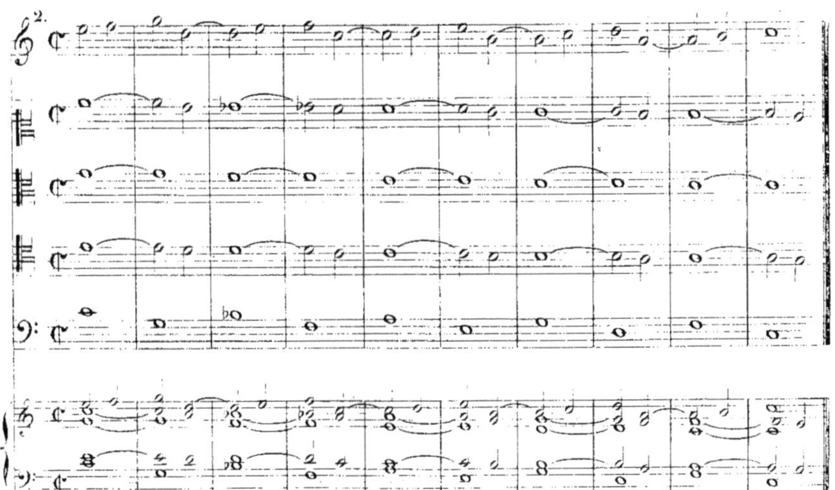

Autre suite avec variations sur la même harmonie et sur la même série.

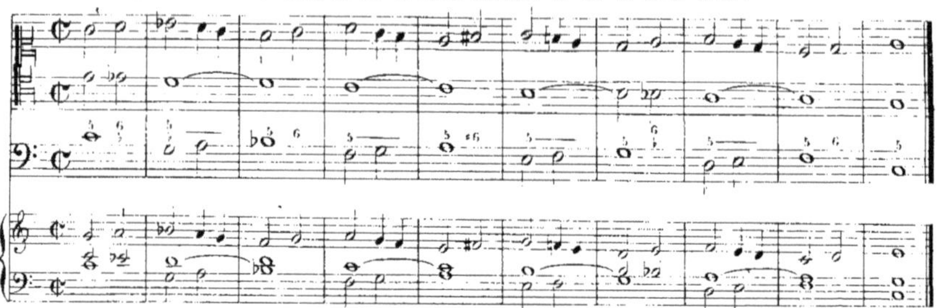

Suites produites par une harmonie, établie sur une série de sons montant de quinte, et descendant de quarte, ou descendant de quarte, et montant de quinte alternativement.

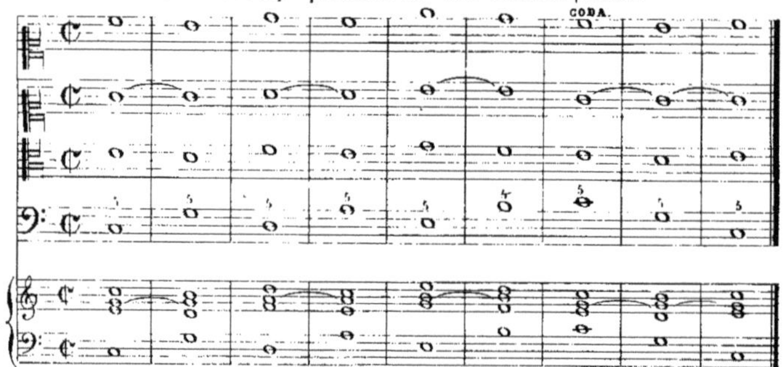

Harmonie simple produisant une suite d'accords parfaits.

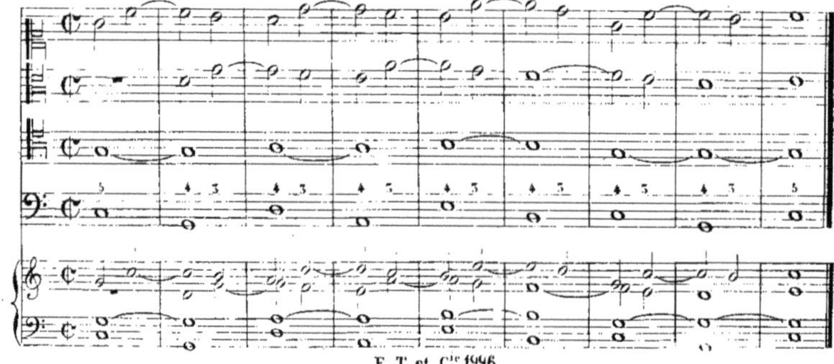

Cette suite produit celle de quartes consécutives.

La même suite produit aussi celle de sixte et quarte, en alternant avec les accords parfaits.

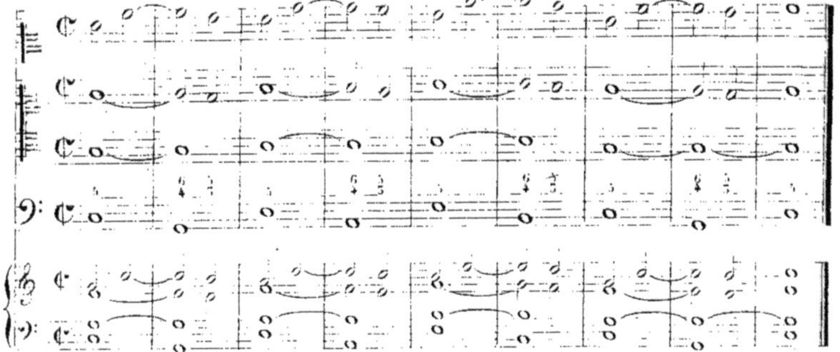

La même suite produit l'association d'accords parfaits, d'accords de sixte, et d'accords de sixte et quarte, dont la quarte traitée comme dissonance passagère en deux endroits, et préparé dans trois autres.

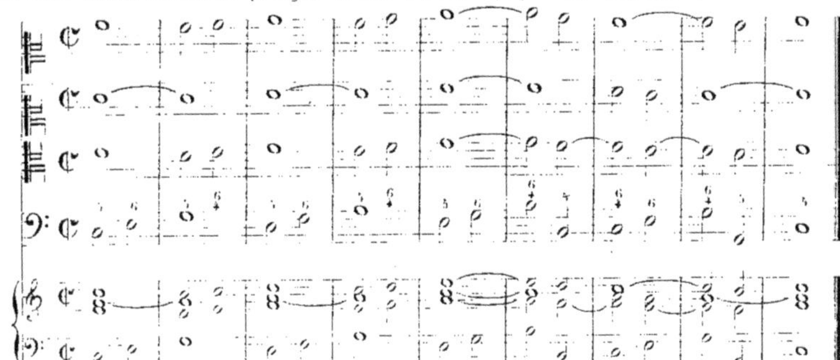

Variations de ces suites par le contrepoint fleuri.

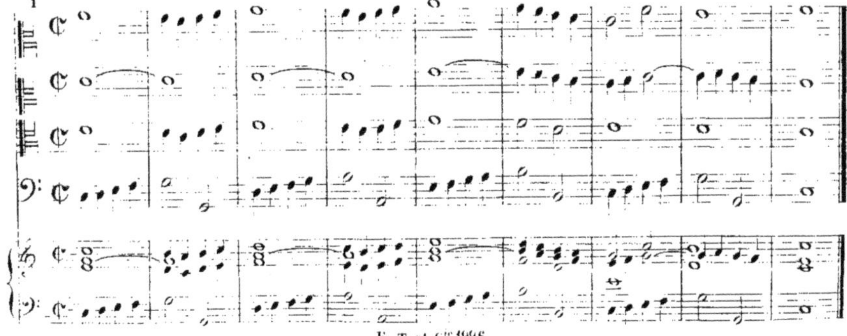

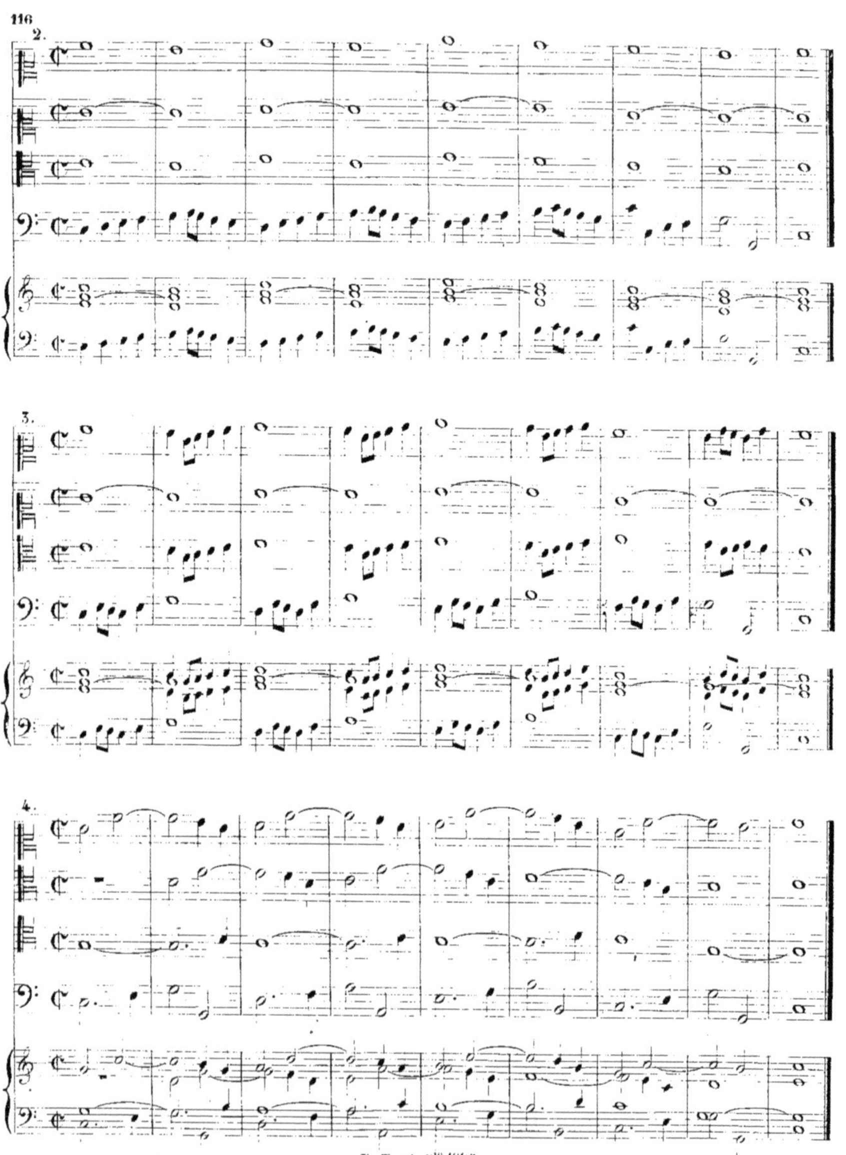

2.
3.
4.
E. T. et C.ie 1996.

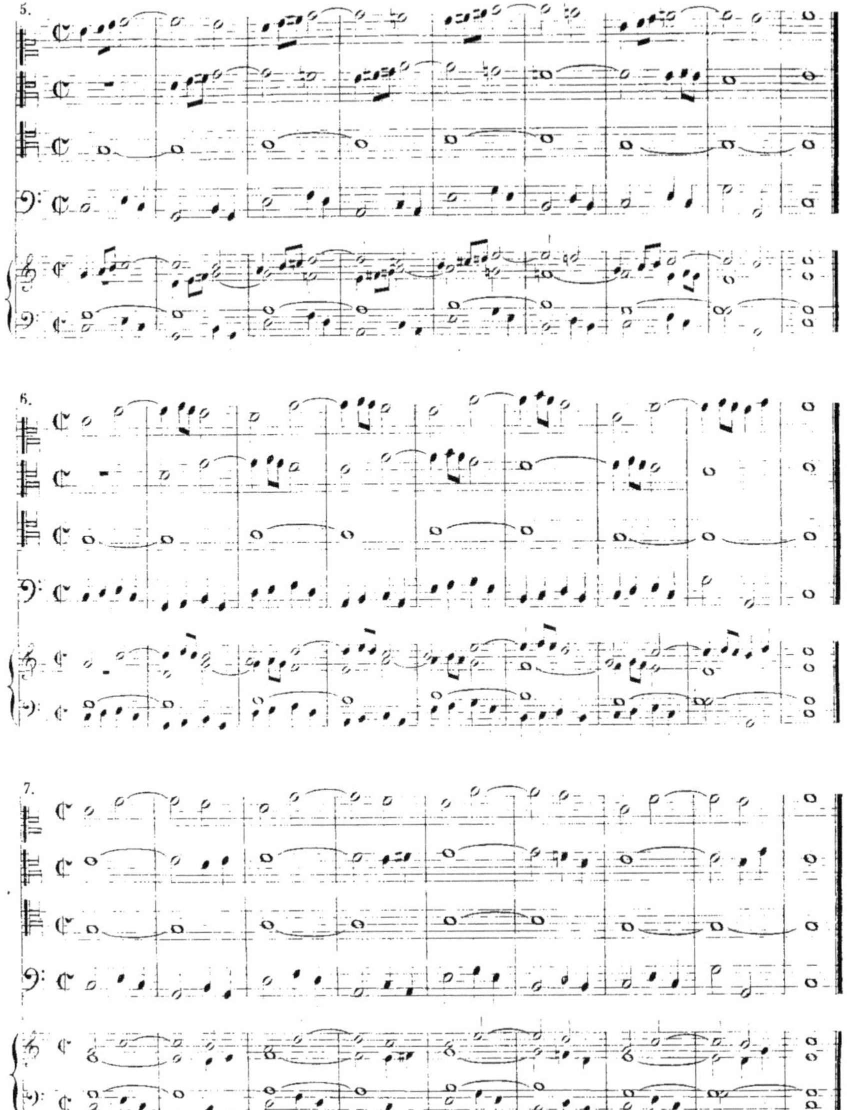

5.
6.
7.

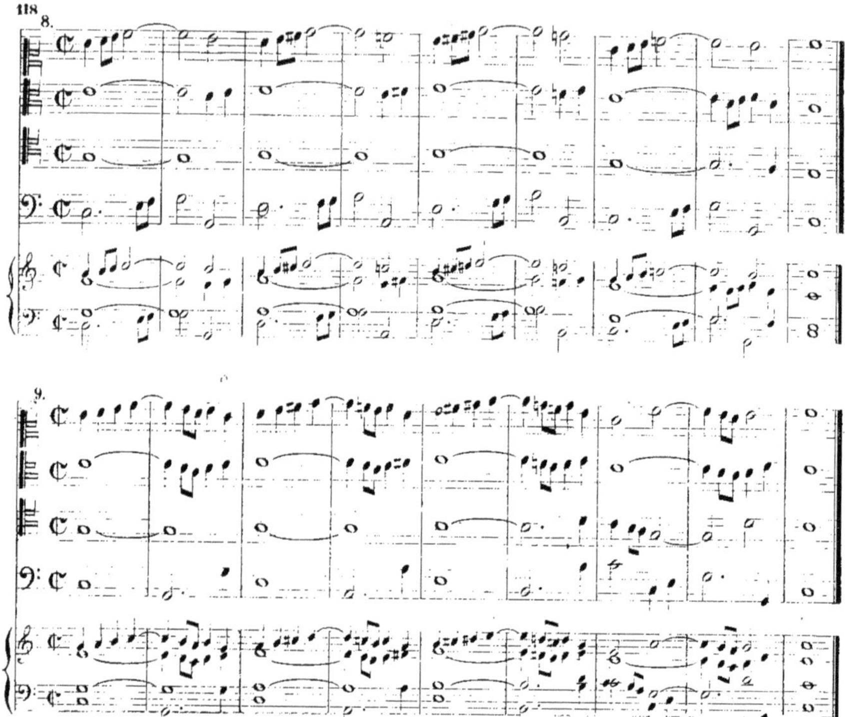

Par la variation suivante il résulte l'agrégation de secondes et septièmes alternativement avec des accords de sixte et des accords parfaits.

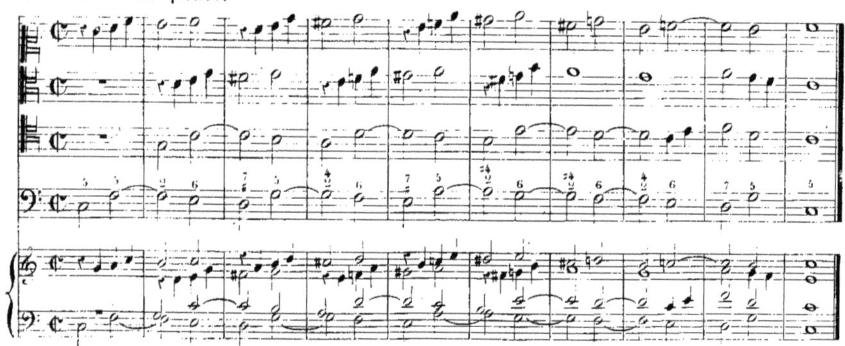

Il sera utile d'essayer de faire des variations sur cette dernière suite.

E. T. et C.ie 1996.

Suites produites par une harmonie simple établie sur une série de sons disjoints

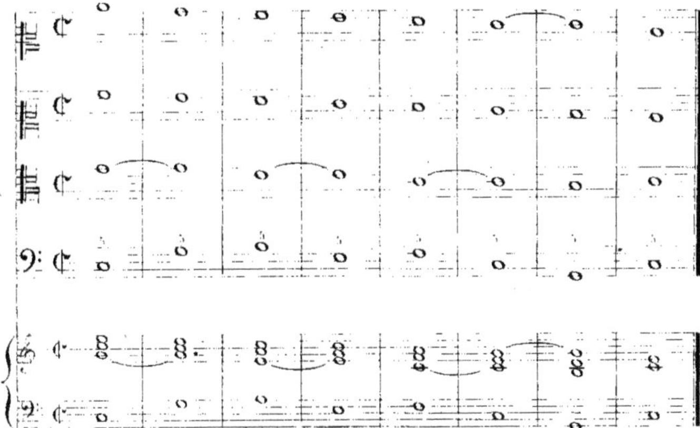

Harmonie simple produisant une suite d'accords parfaits.

Cette harmonie produit la suite d'accords de sixte, et la suite de quartes associées en alternant avec celle d'accords parfaits.

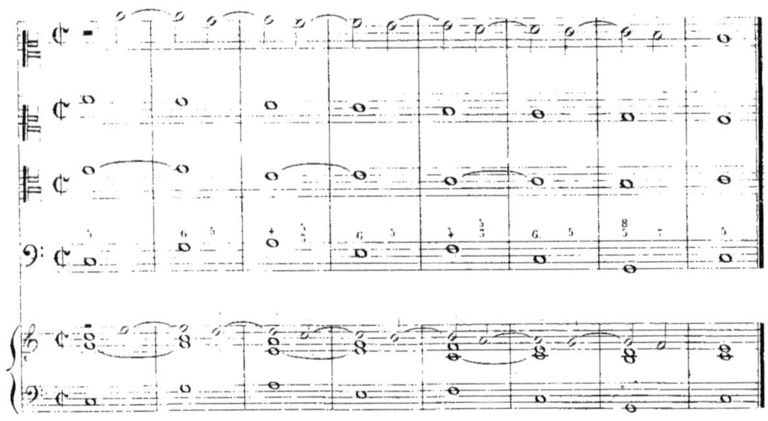

Variations par le moyen du contrepoint fleuri.

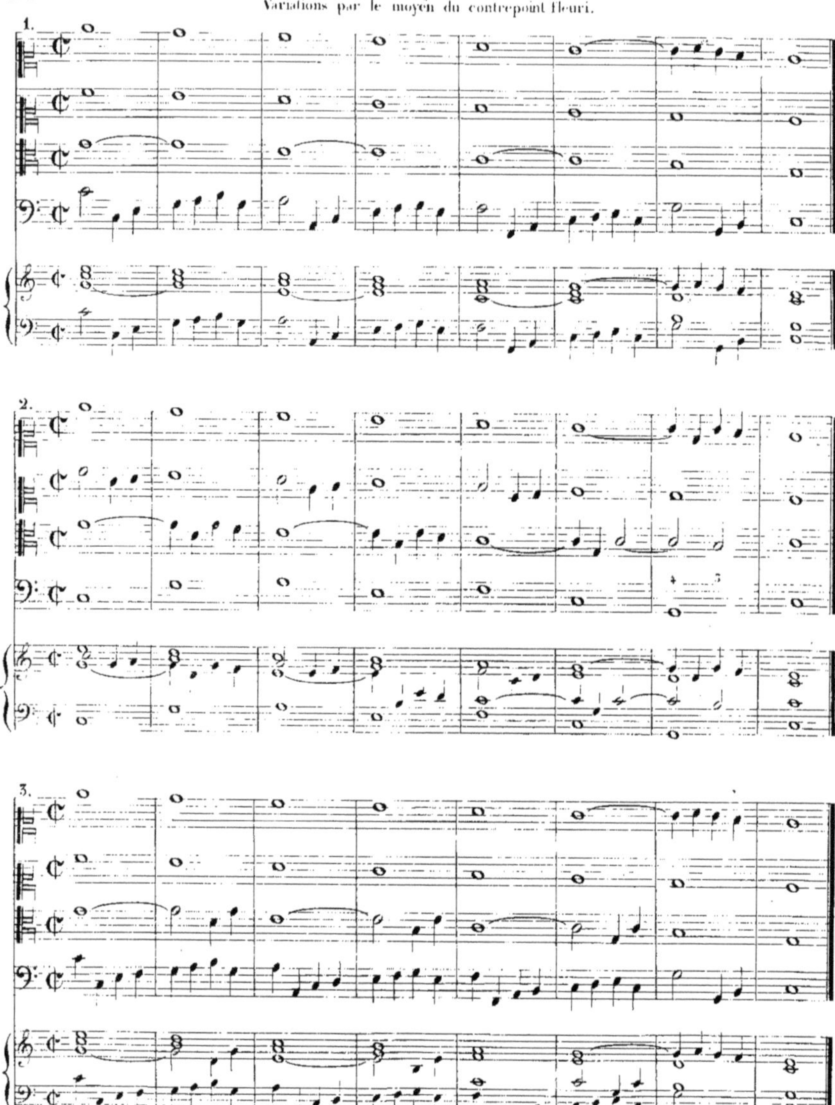

E. T. et Cie 1996.

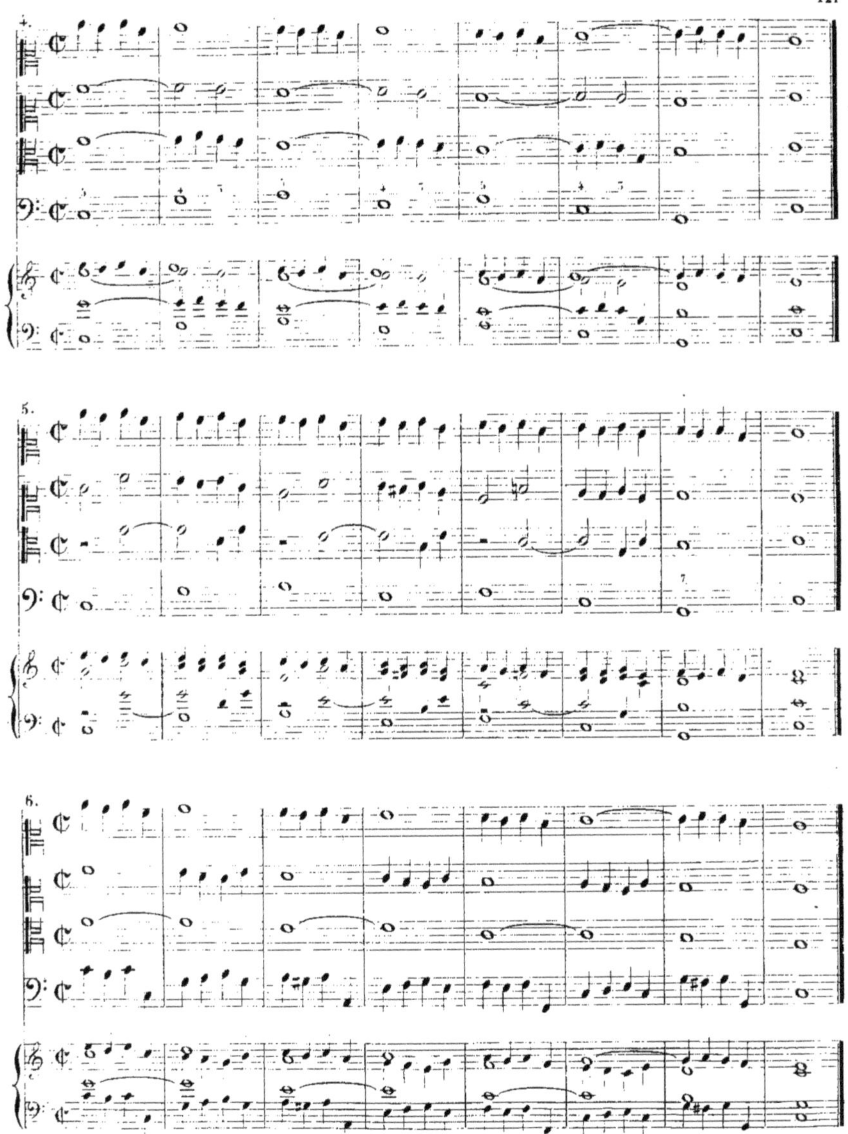

4.
5.
6.

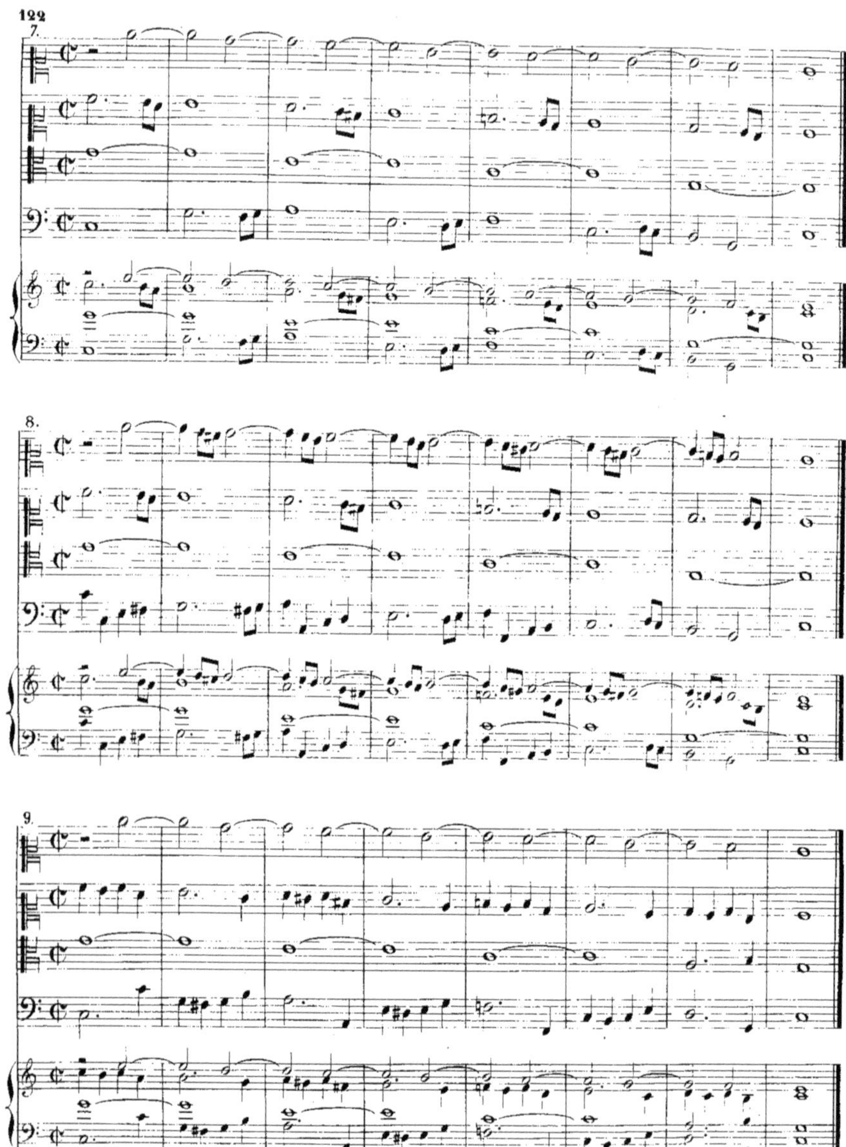

Dans le premier des deux exemples suivants cette même harmonie produit alternativement la réunion de la suite de quartes et de celle de neuvièmes; et dans le second exemple, la réunion des suites de sixte et quarte, de quinte et quarte et de neuvièmes. La quarte intervient à chaque mesure, tandis que la sixte et la neuvième n'y apparaissent qu'alternativement.

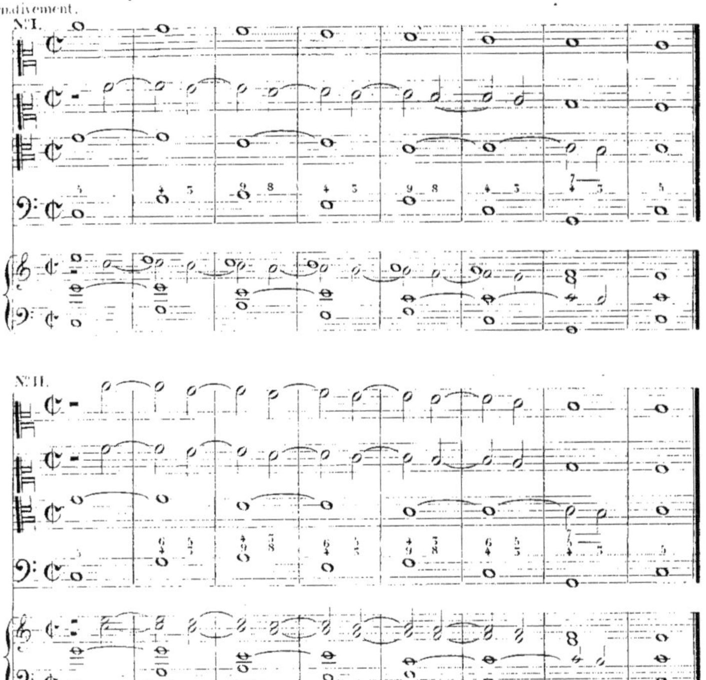

Variations de ces deux suites par l'emploi du contrepoint fleuri.

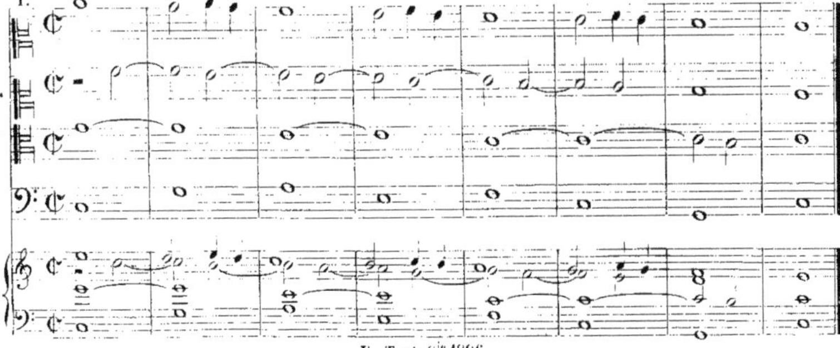

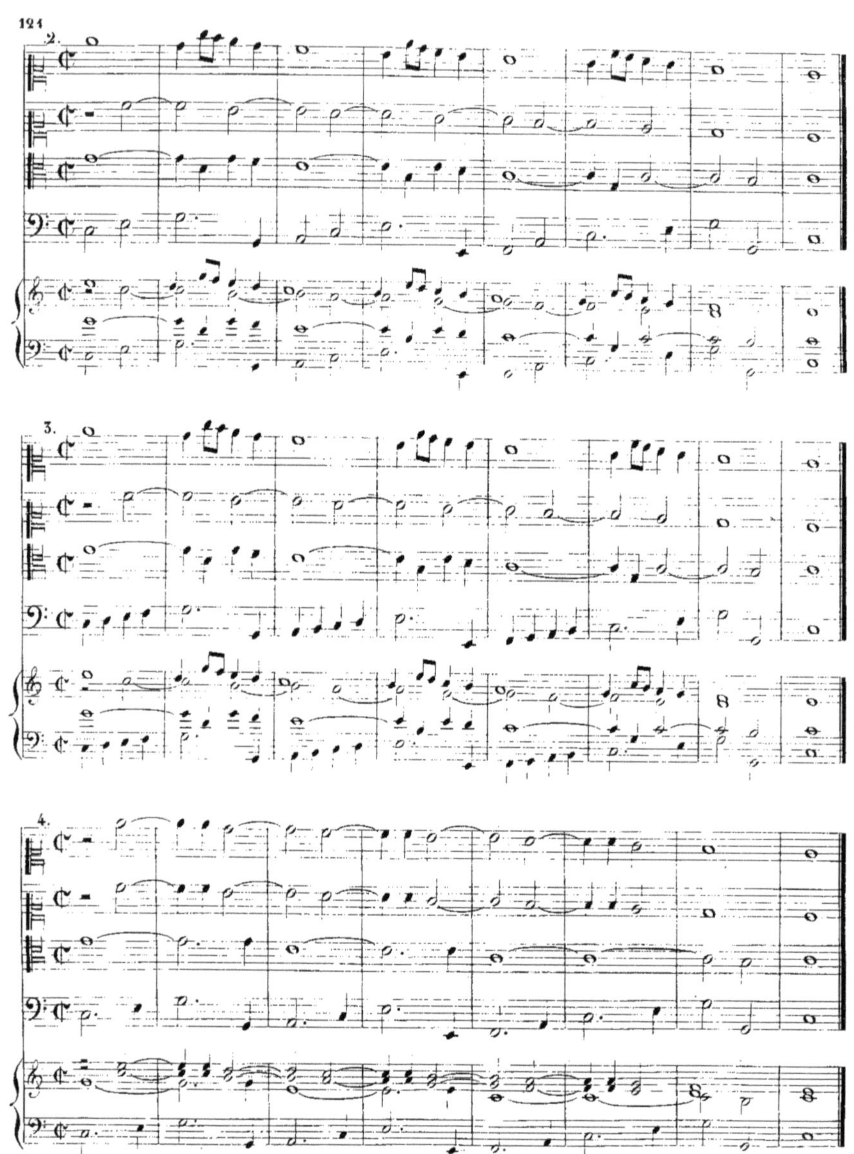

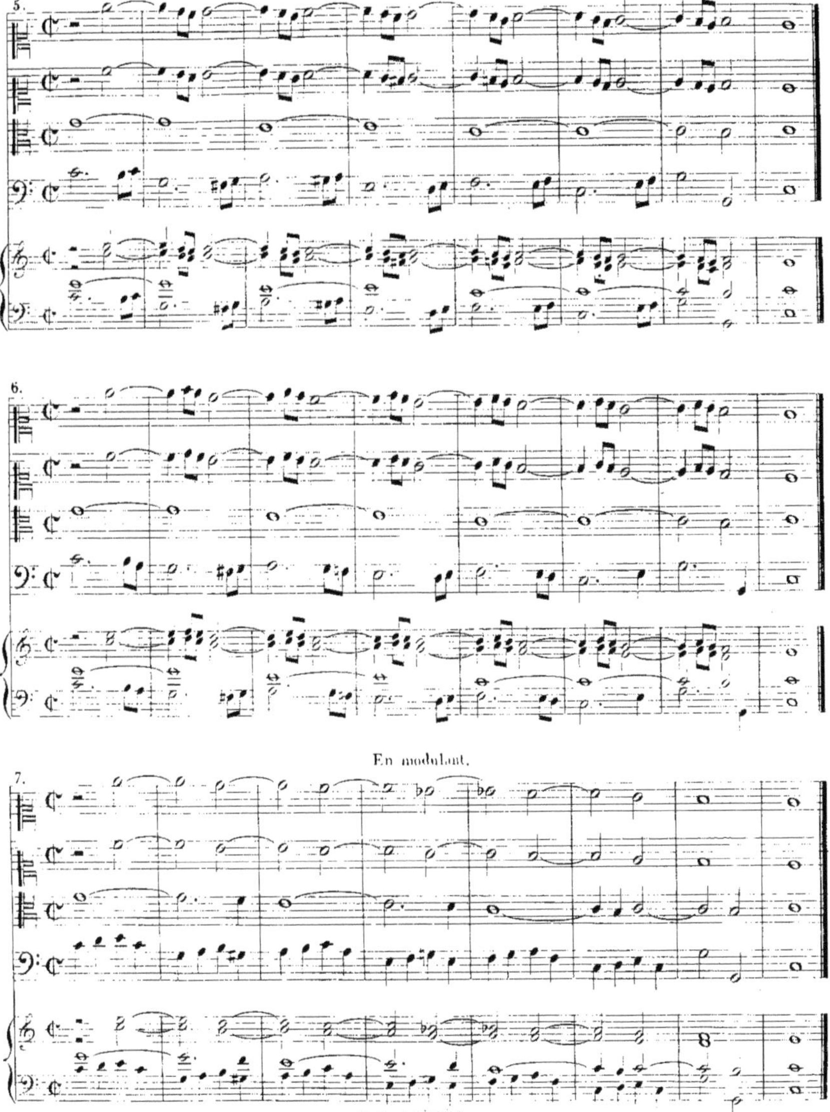
5.
6.
En modulant.
7.
E. T. et Cie 1996.

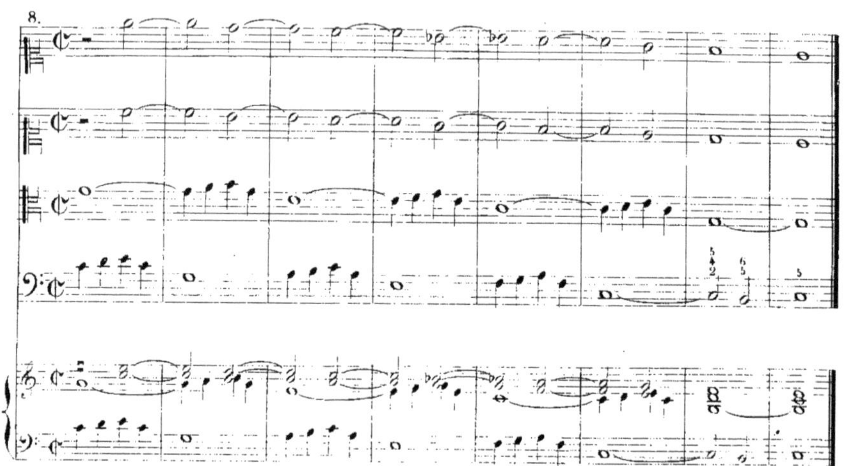

Suite d'accords parfaits, d'accords de sixte, de sixte et quinte, et de neuvième,
alternant les unes avec les autres.

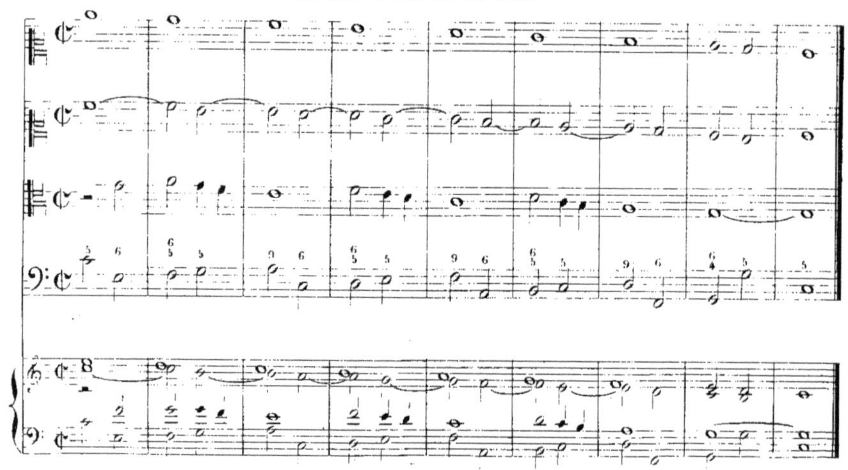

Suites produites par une harmonie simple, établie sur une série de sons descendant de quinte et montant de quarte, ou bien, montant de quarte et descendant de quinte.

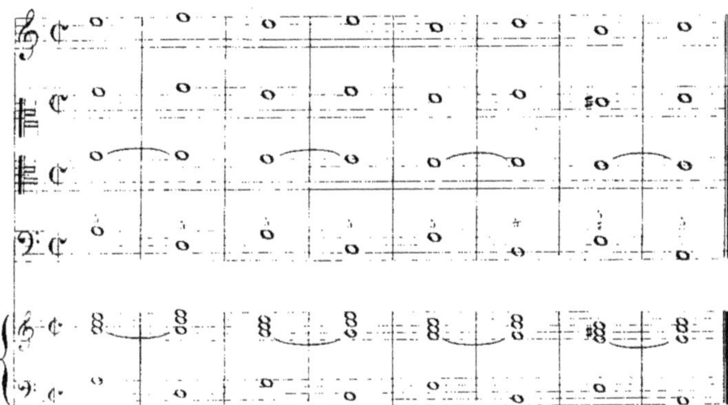

Harmonie simple formant une suite d'accords parfaits.

Cette harmonie produit une suite de septièmes, en prolongeant la tierce d'un accord sur le suivant.

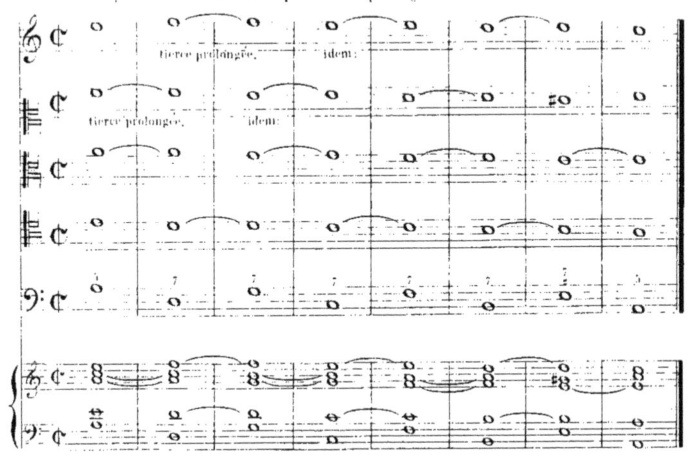

On peut associer simultanément à cette suite celle de neuvième.

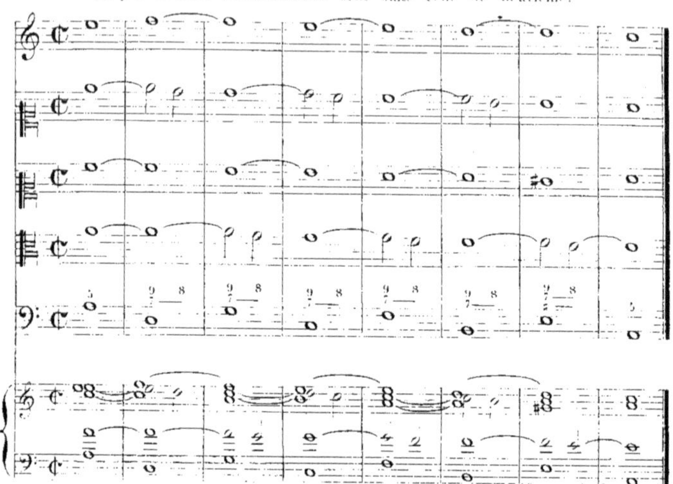

À ces deux suites on peut ajouter celle de quarte.

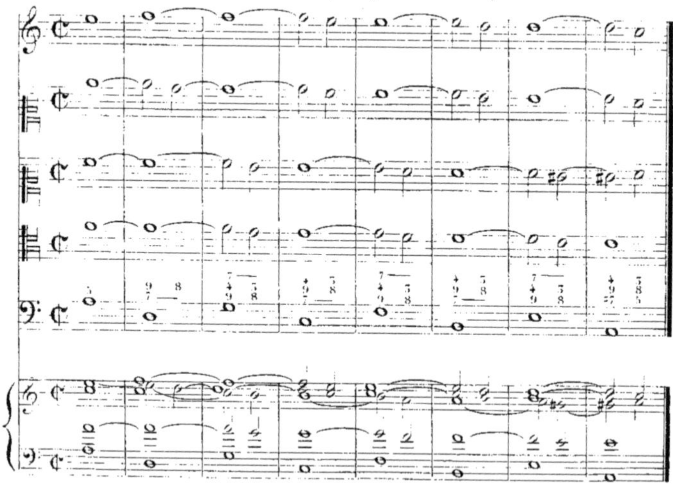

Suite de septièmes dans un autre ton et avec des notes de moindre valeur.
Variations pour toutes ces suites, en contrepoint fleuri.

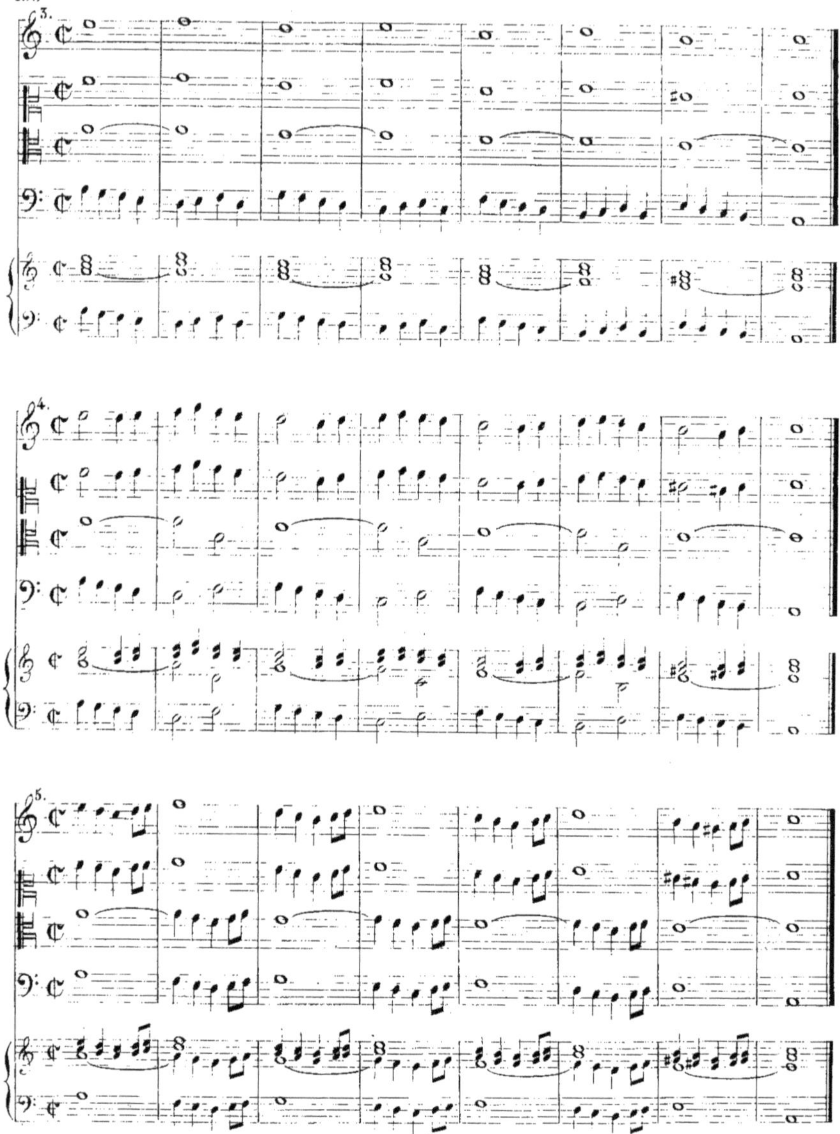

150
3.
4.
5.
E.T. et C.ie 1996.

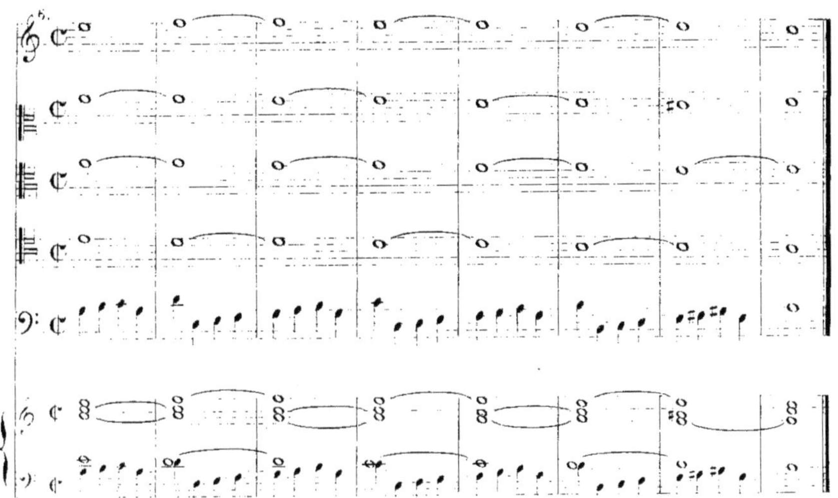

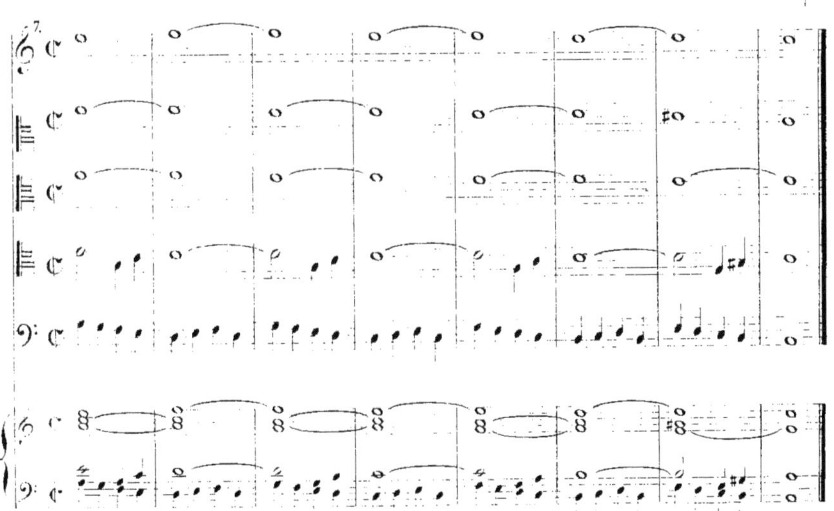

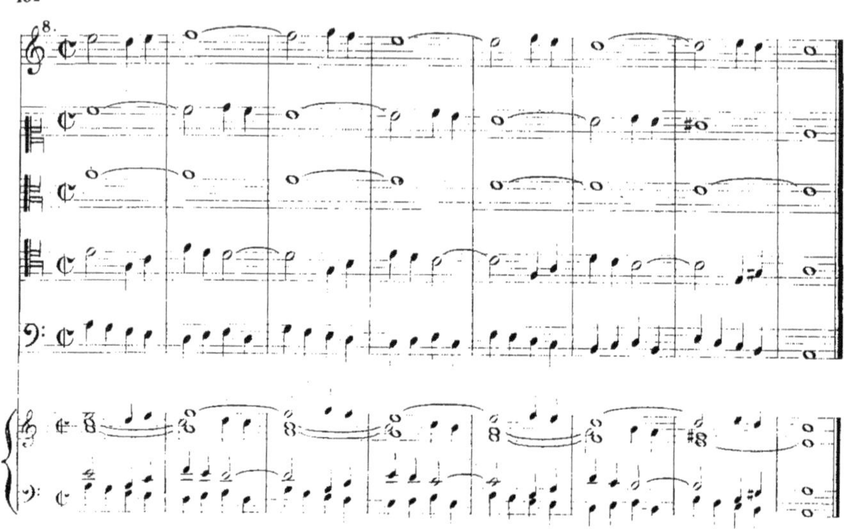

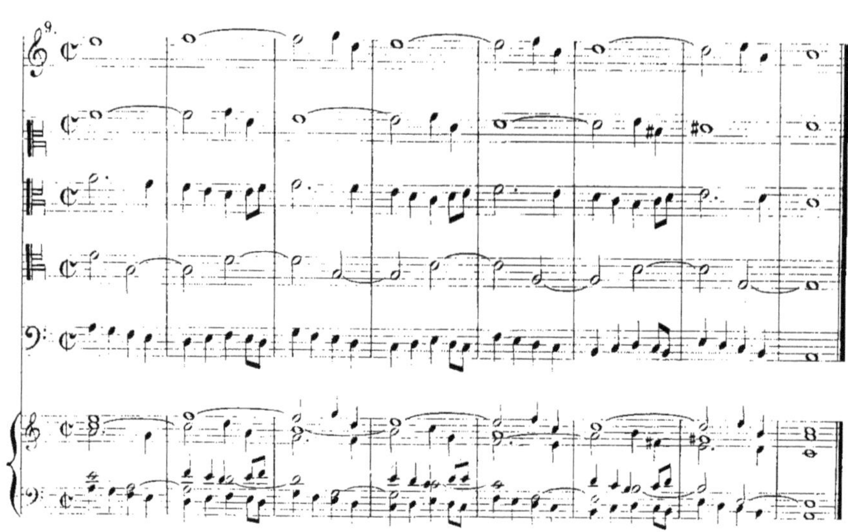

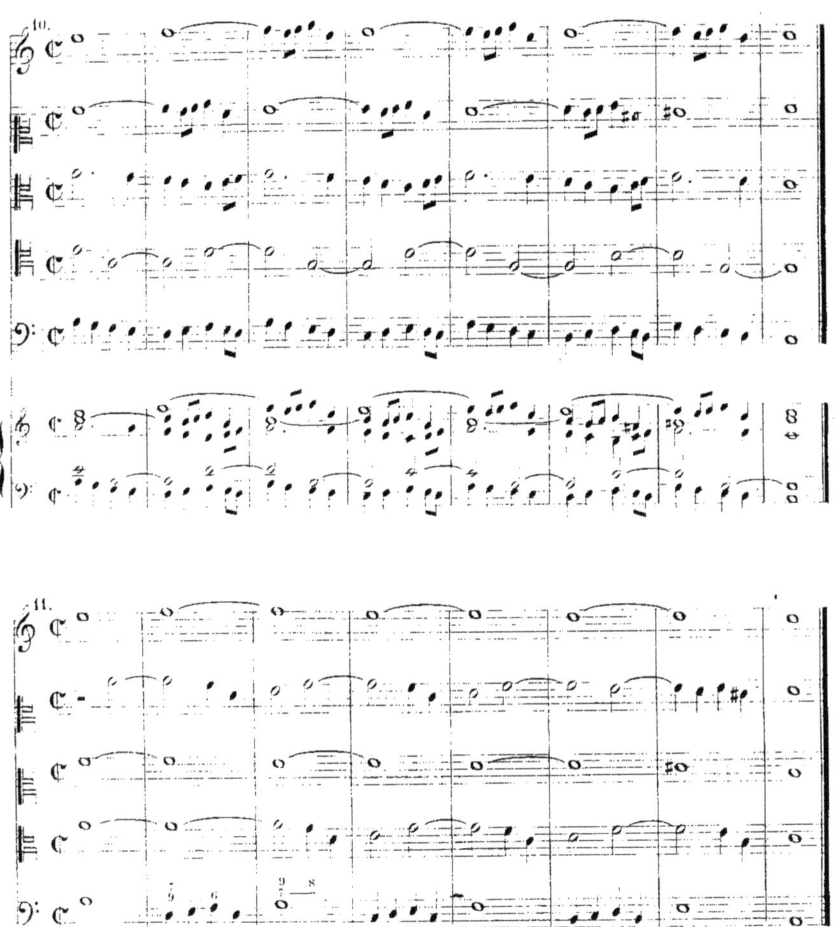

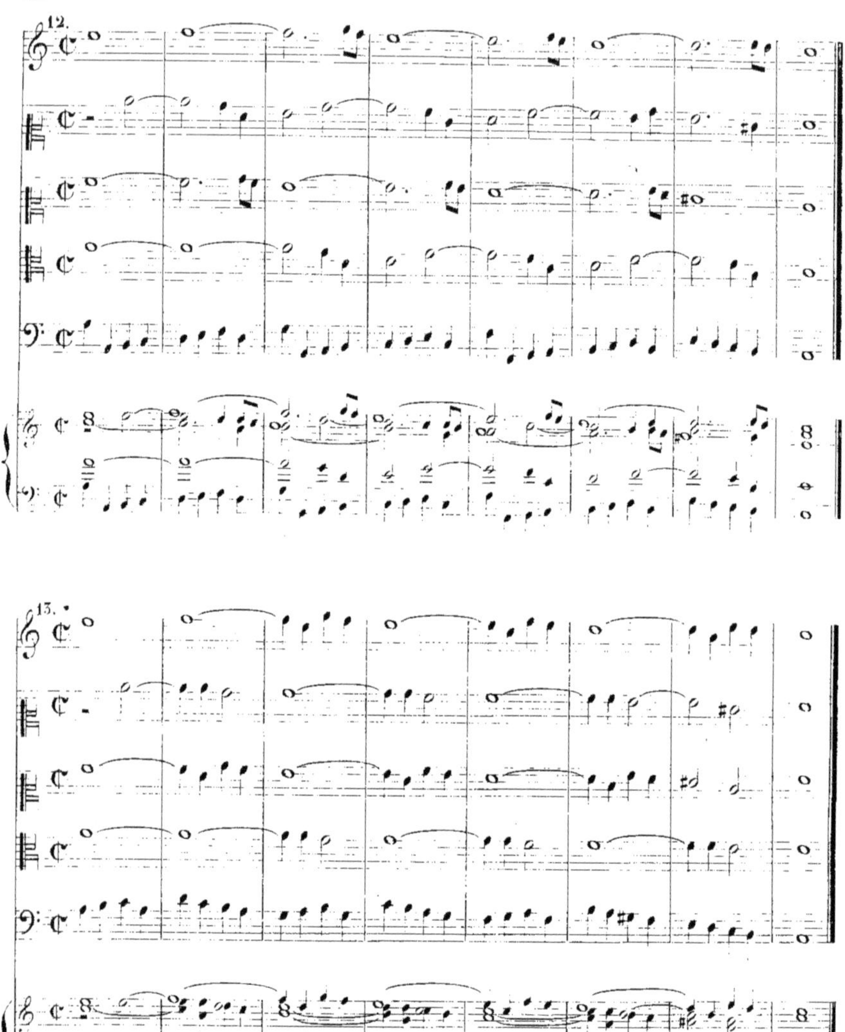
12.
13.

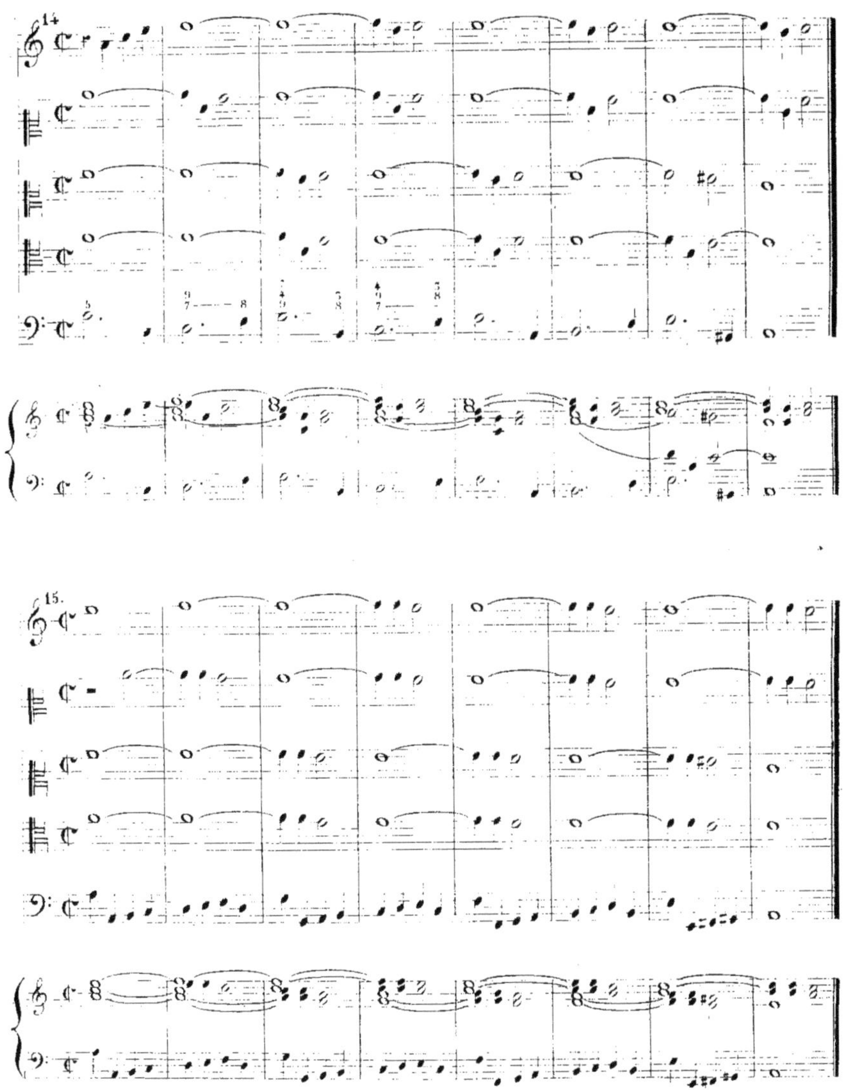

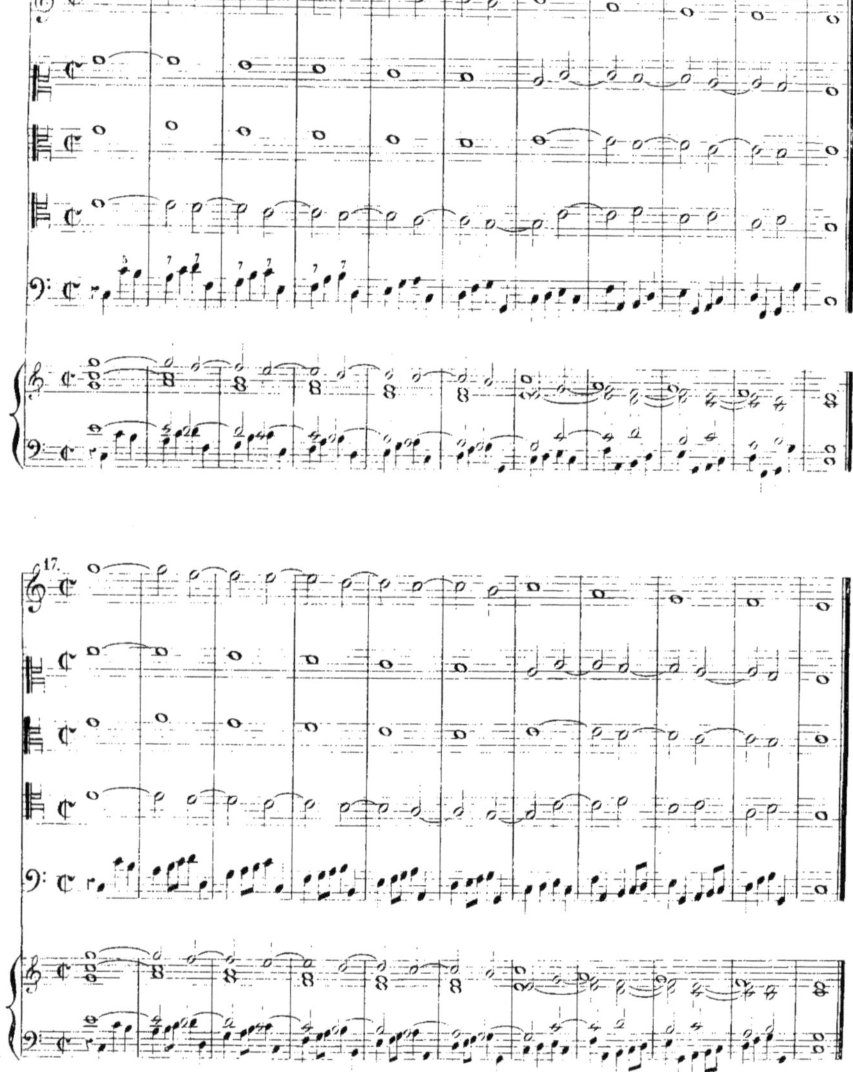

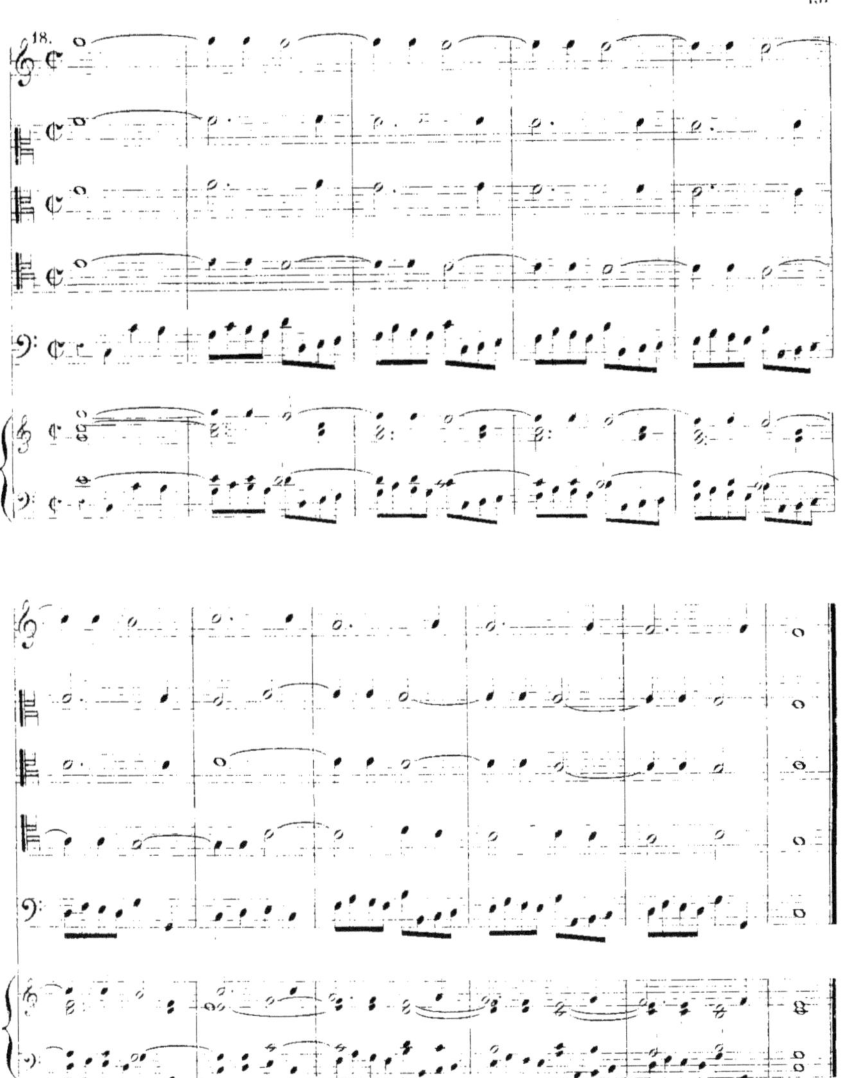

OBSERVATIONS.

En examinant attentivement ces suites, on verra que chacune d'elles est produite par une marche simple et régulière ou d'*Accords parfaits* ou d'*Accords imparfaits Consonnants*, établis sur différentes séries de sons d'une succession uniforme placée dans la partie la plus grave, et que de ces deux sortes d'accords résultent les suites de *Dissonnances*.

On s'assurera aussi que dans l'ensemble des parties, chacune d'elles observe, relativement à la mélodie, une uniformité de figure et de dessin, soit qu'on exprime la mélodie avec des formes simples, soit qu'on veuille les rendre plus compliquées au moyen des variations amenées par le contrepoint fleuri.

On verra par cet examen qu'il n'y a que des suites d'*Accords parfaits* $\frac{5}{3}$; d'*Accords imparfaits* consonnants $\frac{6}{3}$; et de *Dissonnances* telles que celles de Secondes; de *Quartes* et *Sixtes* $\frac{6}{4}$; de Quintes et Sixtes $\frac{6}{5}$; de Quartes et Quintes $\frac{5}{4}$; de Septièmes 7; et de Neuvièmes 9. Ces suites de dissonnances, quelles qu'elles soient, alternent toujours, soit avec les accords parfaits, soit avec les accords imparfaits, et ces derniers alternent aussi à leur tour.

Les suites dont on vient de donner l'énumération, doivent être appelées primitives, parcequ'elles servent de type à celles qui se composent de plusieurs réunions dans une même suite, comme on l'a vu dans les exemples de ce recueil.

Ces suites primitives ont chacune une série de sons dans la basse qui leur est particulière, et dont la marche a dans chaque suite une progression d'intervalles uniformes; par exemple:

Les suites d'accords parfaits ont lieu sur toutes sortes de séries.

Les suites d'accords imparfaits ont lieu aussi sur plusieurs sortes de séries, mais particulièrement sur celles qui montent ou descendent par degré; comme:

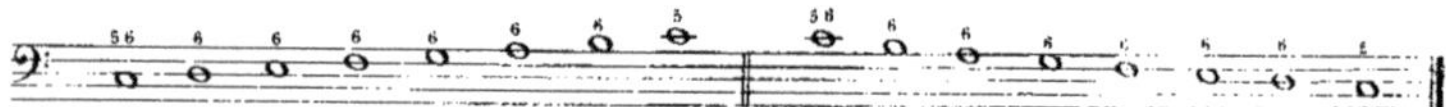

La suite de secondes ne peut avoir lieu que sur une série de sons descendant d'un degré en syncopant.

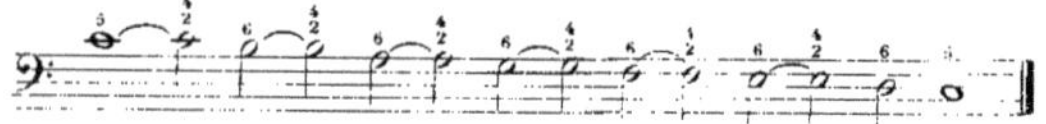

La suite de quintes et de sixtes successives n'a lieu que sur une série montant d'un degré, ainsi:

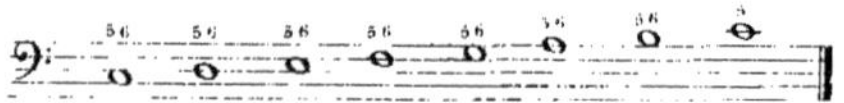

La suite de quintes et sixtes simultanées ne peut se faire que sur une série descendant de tierce et montant ensuite d'un degré, de cette manière:

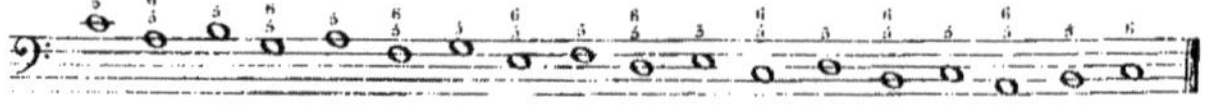

La suite de quartes et quintes simultanées, ne se fait que sur une série montant de quinte et descendant de quarte, ou vice versa.

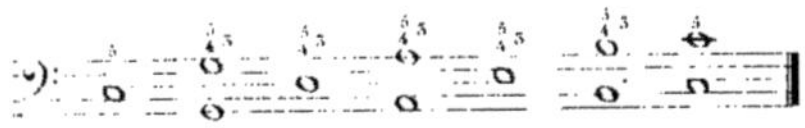

La suite de quartes et sixtes simultanées, a lieu sur la même série que la suite précédente.

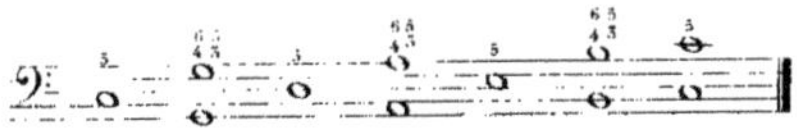

La suite de septièmes se fait particulièrement sur une série, descendant par degré comme la suite de sixtes dont elle est le produit.

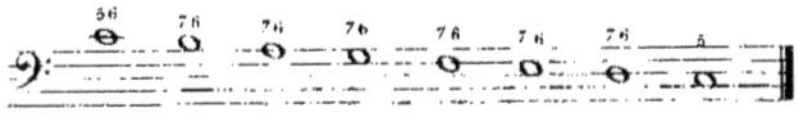

La suite de septièmes qui naissent de la prolongation de la tierce d'un accord sur l'accord qui suit, ne peut avoir lieu que sur une série montant de quarte et descendant de quinte, ou bien, descendant de quinte et montant de quarte.

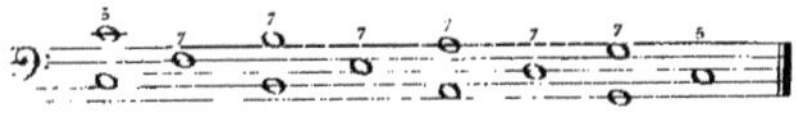

Enfin, la suite de neuvièmes ne peut se faire que sur une série montant d'un degré et descendant de tierce.

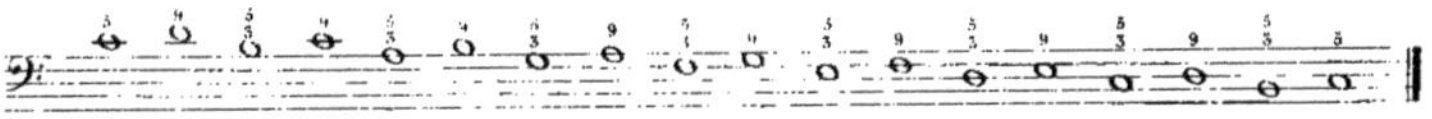

En continuant de bien examiner toutes les suites pratiquées dans les exemples de ce recueil, on verra quelles sont les séries, propres à introduire plusieurs suites de différente nature dans une seule, en les associant, soit en alternant entr'elles, ou en les faisant marcher simultanément.

Avant de terminer ces observations, il est essentiel d'en faire une, qui doit préserver les jeunes compositeurs de l'abus qu'ils pourraient faire, dans l'emploi de ces suites.

On ne saurait donc assez leur recommander, en introduisant ces suites dans leurs compositions, de ne pas pousser leur durée, aussi loin qu'on l'a fait dans les exemples de ce recueil. La plupart n'étant exposées ici que d'une manière élémentaire et en forme de leçons; ce ne serait pas une faute de les traiter de même dans des morceaux de musique, mais un défaut qui donnerait à ces compositions de la monotonie, un style scolastique et pédant, et ferait présumer que le compositeur sort fort récemment des bancs de l'école. Il faut en conséquence, en pratiquant ces suites, n'en prendre que des fragments, et savoir s'arrêter à temps. Cette précaution, dictée par le goût, doit être observée non seulement dans la musique sacrée, mais surtout dans les compositions théâtrales.

FIN.

9 782329 356624